科目一

1 机动车驾驶证有效期分为6年、10年、20年。（ ）

　　提示 应为6年、10年和长期。其含义是：初次领证的有效期为6年，6年内每年记分都未达到12分，就可换发10年有效期的驾驶证；10年内每年记分都未达到12分，可以换发长期有效的驾驶证。

2 申请小型汽车准驾车型驾驶证的人年龄条件是多少？（ ）
　　A. 18周岁以上60周岁以下
　　B. 18周岁以上，无最高年龄限制
　　C. 24周岁以上70周岁以下
　　D. 21周岁以上50周岁以下

　　提示 公安部交通管理局发布新措施（以下简称"公安部新措施"），自2020年11月20日起，申请小型汽车、小型自动挡汽车、轻便摩托车驾驶证18周岁以上，取消70周岁的年龄上限。

3 科目三道路驾驶技能和安全文明驾驶常识考试满分分别为100分，成绩分别达到80和90分的为合格。（ ）

　　提示 成绩分别达到90分的为合格。

4 允许自学直考人员使用教练车，在学车专用标识签注的指导人员随车指导下学习驾驶。（ ）

　　提示 自学直考人员应使用学车专用标识签注的自学用车，也就是加装副制动、辅助内外后视镜等安全辅助装置后，并向车管所交验的自备车辆，而不是图中有教练车标牌的教练车。

5 驾驶人在驾驶证核发地车辆管理所管辖区以外地方居住的，可以向政务大厅申请换证。（ ）

　　提示 应向居住地车辆管理所申请换证。

6 使用其他机动车号牌、行驶证的，一次记3分。（ ）

　　提示 题中情形，应一次记12分。

7 如图所示，黄色小型客车驾驶人在高速公路逆向行驶是违法行为，会被记6分。（ ）

　　提示 题中情形，应一次记12分。

8 驾驶机动车在高速公路上倒车、逆行、穿越中央分隔带掉头的，一次记6分。（ ）

　　提示 题中情形，应一次记12分。

9 车速超过规定时速达到50%的，一次记9分。（ ）

　　提示 在高速公路、城市快速路上，应一次记12分；在其他道路上，应一次记6分。

10 车速超过规定时速的20%但不到50%的，一次记9分。（ ）

　　提示 在高速公路、城市快速路上，应一次记6分；在其他道路上，应一次记3分。

11 如图所示，黄色机动车驾驶人违法占用高速公路应急车道行驶，会被记12分。（ ）

　　提示 题中情形，应一次记6分。

12 在道路上车辆发生故障、事故停车后，不按规定设置警告标志，一次记1分。（ ）

　　提示 题中情形，应一次记3分。

13 大型客车、牵引车、城市公交车、中型客车、大型货车驾驶人应当每两年提交一次身体条件证明。（ ）

　　提示 应每年提交一次身体条件证明。

14 年龄在50周岁以上的机动车驾驶人，应当每年进行一次身体检查，并向公安机关交通管理部门申报身体条件情况。（ ）

　　提示 年龄在70周岁以上按题中事项办理。

15 初次申领驾驶证的驾驶人在实习期内可以单独驾驶机动车上高速公路行驶。（ ）

　　提示 实习驾驶人应由持该车型驾驶证3年以上驾驶人陪同才能允许进入高速公路。

16 饮酒后只要不影响驾驶操作可以短距离驾驶机动车。（ ）

　　提示 饮酒后一律不允许驾驶机动车。

17 驾驶人在驾驶证丢失后3个月内还可以驾驶机动车。（ ）

　　提示 驾驶人驾驶证丢失后，不允许再驾驶机动车。

答案 1.× 2.B 3.× 4.× 5.× 6.× 7.√ 8.× 9.× 10.× 11.× 12.× 13.× 14.× 15.× 16.× 17.×

18 驾驶人持超过有效期的驾驶证可以在1年内驾驶机动车。（　　）
提示▶ 驾驶人驾驶证超过有效期，不允许再驾驶机动车。

19 申请机动车登记，只需提交车辆购置税的完税证明或者免税凭证，与机动车所有人的身份无关。（　　）
提示▶ 题中情形与机动车所有人的身份有关。

20 已注册登记的机动车，改变车身颜色，机动车所有人不需要向登记地车辆管理所申请变更登记。（　　）
提示▶ 改变车身颜色应申请变更登记。

21 机动车所有人将机动车作为抵押物抵押的，机动车所有人应当向居住地车辆管理所申请抵押登记。（　　）
提示▶ 题中情形，应当向登记地车辆管理所申请抵押登记，而不是"居住地"。

22 机动车登记证书、号牌、行驶证灭失、丢失或者损毁的，机动车所有人应当向居住地车辆管理所申请补领、换领。（　　）
提示▶ 题中情形，应当向"登记地"车辆管理所申请补领、换领。

23 驾驶机动车在道路上违反道路交通安全法的行为，属于什么行为？（　　）
A. 违章行为　　B. 违法行为
C. 过失行为　　D. 违规行为
提示▶ 所有违反道路交通安全法的行为都属于违法行为。

24 驾驶这种机动车上路行驶没有违法行为。（　　）

号牌有遮挡物

提示▶ 故意遮挡号牌属于违法行为。

25 如图，请判断左侧这辆小型客车有几种违法行为？（　　）

A. 有两种违法行为　　B. 有三种违法行为
C. 有四种违法行为　　D. 有五种违法行为

提示▶ 图中左侧车辆有四种违法行为（未系安全带、开车打电话、未悬挂机动车号牌和占用应急车道）。

26 请判断图中这辆黄色机动车有几种违法行为？（　　）

A. 有一种违法行为　　B. 有两种违法行为
C. 有三种违法行为　　D. 有四种违法行为
提示▶ 图中黄色车辆有三种违法行为（压黄实线变道、在路口超车、超车未开转向灯）。

27 已经达到报废标准的机动车经大修后可以上路行驶。（　　）
提示▶ 达到报废标准的机动车一律不得上路行驶。

28 拼装的机动车只要认为安全就可以上路行驶。（　　）
提示▶ 任何单位或者个人不得拼装机动车，更不允许上路行驶。

29 交通标志和交通标线不属于交通信号。（　　）
提示▶ 交通信号包括交通信号灯、交通标志和交通标线。

30 在路口遇有交通信号灯和交通警察指挥不一致时，按照交通信号灯通行。（　　）
提示▶ 题中情形应按照交通警察指挥通行。

31 闪光警告信号灯为持续闪烁的黄灯，其作用是提示车辆、行人需要快速通过。（　　）
提示▶ 黄灯闪烁是提示车辆、行人注意瞭望，确认安全后通过。

32 驾驶机动车行驶到这个位置时，如果车前轮已越过停止线可以继续通过。（　　）

提示▶ 图中车辆前方亮的是红灯，而不是黄灯，所以前轮已越过停止线也不能继续通过。

33 遇到图中这种情况，要在停止线以外停车等待绿灯亮后再向右转弯。（　　）

答案　18.× 19.× 20.× 21.× 22.× 23.B 24.× 25.C 26.C 27.× 28.× 29.× 30.× 31.× 32.× 33.×

提示 题中情形，右转弯的车辆无需停车，可直接行驶。

34 驾驶机动车遇到这种信号灯，可在对面直行车前直接向左转弯。　　　　　　　　（　　）

提示 左转弯的车辆不得妨碍被放行的直行车辆通行。

35 驾驶机动车在路口看到这种信号灯亮时，要加速通过。　　　　　　　　　　　（　　）

提示 黄灯亮时，未越过停止线的车辆禁止通行。

36 驾车直行通过路口，看到图中这种信号灯亮起时，不能减速或停车等待，必须尽快加速通过，避免出现意外。　　　　　　　　　　（　　）

提示 题中情形，应在停车线以外停车等待，加速通过是错误的。

37 图中这辆红色机动车选择的行车道是正确的。　　　　　　　　　　　　　（　　）

提示 图中中间车道信号灯为红色叉形灯，禁止通行，所以红色机动车选择的行车道是错误的。

38 在路口直行看到图中这种情况，要在停止线外停车等待对面直行车通过后再起步。（　　）

提示 题中情形无需停车让行，可直接通过。

39 如图所示，在路口直行看到这种信号灯亮时，要尽快加速通过路口，不得停车等待。（　　）

提示 路口黄灯持续闪烁，警示驾驶人要注意瞭望，确认安全通过，尽快加速通过是错误的。

40 这个标志是何含义？　　　　　　　　（　　）

A. 注意双向行驶　　　B. 靠两侧行驶
C. 注意潮汐车道　　　D. 可变车道

提示 潮汐车道是指车辆行驶方向可随交通管理需要进行变化的车道。

41 这个标志的含义是告示前方是塌方路段，车辆应绕道行驶。　　　　　　　　　（　　）

提示 此标志用以告示前方道路施工。

42 这个标志的含义是告示前方道路是单向通行路段。　　　　　　　　　　　　　（　　）

提示 此标志用以告示前方道路有障碍物，车辆应从右侧绕行。

43 这个标志的含义是告示前方是拥堵路段，注意减速慢行。　　　　　　　　　　（　　）

提示 此标志用以告示前方道路为事故易发路段。

答案 34.× 35.× 36.× 37.× 38.× 39.× 40.C 41.× 42.× 43.×

44　这个标志的含义是提醒车辆驾驶人前方是非机动车道。（　　）

提示▶ 此标志是提醒"注意非机动车"。

45　这个标志的含义是提醒车辆驾驶人前方是无人看守铁路道口。（　　）

提示▶ 此标志是提醒前方是有人看守铁路道口。

46　这个标志的含义是提醒车辆驾驶人前方是桥头跳车较严重的路段。（　　）

提示▶ 此标志是提醒前方是拱度很大、影响视距的驼峰桥。

47　这个标志的含义是提醒车辆驾驶人前方是单向行驶并且照明不好的涵洞。（　　）

提示▶ 此标志是提醒前方是双向行驶并且照明不好的隧道。

48　这个标志的含义是提醒车辆驾驶人前方是堤坝路段。（　　）

提示▶ 此标志是提醒前方是傍山险路路段。

49　这个标志的含义是提醒车辆驾驶人前方是急转弯路段。（　　）

提示▶ 此标志是提醒前方是道路易滑、容易发生事故的路段。

50　这个标志的含义是提醒车辆驾驶人前方是傍山险路路段。（　　）

提示▶ 此标志是提醒前方是有落石危险的傍山路段。

51　这个标志的含义是警告车辆驾驶人前方是学校区域。（　　）

提示▶ 此标志是提醒前方是儿童经常出入的地点，应减速慢行，注意儿童。

52　这个标志的含义是警告车辆驾驶人前方是人行横道。（　　）

提示▶ 此标志是提醒注意行人。

53　这个标志的含义是提醒前方两侧行车道或路面变窄。（　　）

提示▶ 此标志是提醒前方桥面宽度变窄。

54　这个标志的含义是提醒前方桥面宽度变窄。（　　）

提示▶ 此标志是提醒前方车行道或路面两侧变窄。

55　这个标志的含义是警告前方有两个相邻的反向转弯道路。（　　）

提示▶ 此标志是警告前方为连续弯路。

56　这个标志的含义是警告前方道路易滑，注意慢行。（　　）

提示▶ 此标志是警告前方为反向弯路。

57　这个标志的含义是警告前方道路有障碍物，车辆减速绕行。（　　）

提示▶ 此标志是警告前方为向右急弯路。

答案

44.× 45.× 46.× 47.× 48.× 49.× 50.× 51.× 52.× 53.× 54.× 55.× 56.× 57.×

58 这个标志的含义是前方即将行驶至Y形交叉路口？

提示 此标志的含义是前方即将行驶至T形交叉路口。

59 如图所示，这个标志设置在有人看守的铁路道口，提示驾驶人距有人看守的铁路道口的距离还有100米。（　　）

提示 此图标志设置在无人看守的铁路道口。

60 如图所示，铁路道口设置这个标志，是提示驾驶人前方路口有单股铁道。（　　）

提示 多股铁道标志。

61 图中标志提示前方道路是向右急转弯。（　　）

提示 图中标志提示前方道路是"向左"急转弯，不是"向右"。

62 图中标志提示前方路段是易发生车辆追尾的路段。（　　）

提示 图中标志提示前方为事故易发路段。

63 这个标志的含义是禁止通行。（　　）

提示 此标志的含义是禁止驶入。

64 这个标志的含义是表示车辆会车时，对方车辆应停车让行。（　　）

提示 此标志的含义是"会车让行"，表示车辆会车时，应让对方车先行。

65 遇到这个标志，您不可以左转，但是可以掉头。（　　）

提示 因为掉头都是通过左转实现的，所以遇到此标志，既不可以左转，也不可以掉头。

66 图中标志提示前方路段在限定的范围内，禁止一切车辆长时间停放，临时停车不受限制。（　　）

提示 图中为禁止停车标志，禁止一切车辆停放。

67 图中标志提示前方路段禁止一切车辆驶入。（　　）

提示 图中标志提示前方路段禁止通行，即除车辆外，人员也不能进入。

68 图中标志提示前方道路的最高车速限制在50公里以下。（　　）

提示 图中标志提示前方道路的最低车速不得低于50公里/小时。

69 这个标志的含义是指示此处设有室内停车场。（　　）

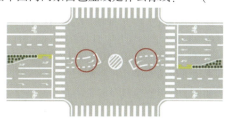

提示 此标志是指示此处设有露天停车场。

70 图中圈内两条白色虚线是什么标线？（　　）

答案 58.× 59.× 60.× 61.× 62.√ 63.× 64.× 65.× 66.√ 67.× 68.× 69.× 70.B

A. 交叉路停车线　　B. 左弯待转区线
C. 掉头引导线　　　D. 小型车转弯线

提示 左弯待转区是指示左转弯车辆在直行时段进入待转区等待左转的位置。

71 这个地面标记的含义是预告前方设有交叉路口。（　）

提示 应是人行横道预告。

72 停车位标线为蓝色表示收费停车位。（　）

提示 停车位标线为白线是收费车位、黄线是专用车位、蓝线是免费车位。

73 路中心黄色虚实线是何含义？（　）

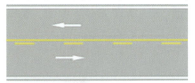

A. 虚线一侧禁止越线
B. 实线一侧禁止越线
C. 实线一侧允许越线
D. 两侧均可越线行驶

提示 路中心黄色虚实线的含义是单方向禁止跨越对向车行道分界线，即实线一侧禁止车辆越线或压线行驶，虚线一侧准许车辆暂时越线或转弯。

74 路中心的双黄实线作用是分隔对向交通流，在保证安全的前提下，可越线超车或转弯。（　）

提示 路中心的双黄实线严禁跨越，所以不允许越线超车或转弯。

75 这种黄黑相间的倾斜线条是什么标记？（　）

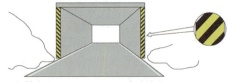

A. 实体标记　　　B. 突起标记
C. 立面标记　　　D. 减速标记

提示 立面标记用以提醒驾驶人注意，在车行道或近旁有高出路面的构造。

76 如图，这辆红色机动车行驶的车道是慢速车道。（　）

提示 红色机动车行驶的车道是快速车道。

77 如图所示，在这种情况下，A车可以向左变更车道。（　）

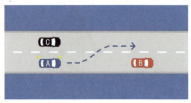

提示 A车此时向左变更车道，会影响C车的正常行驶。

78 遇到这种情况时，要加速从红车前变更车道。（　）

提示 遇到图中情况，如加速从红车前变更车道，将影响到红车的正常行驶。

79 如图所示，驾驶机动车经过这种道路时，如果前方没有其他交通参与者，可在道路上随意通行。（　）

提示 没有划分机动车道、非机动车道和人行道的，机动车在道路中间通行，非机动车和行人在道路两侧通行。

80 驾驶机动车遇到前方道路拥堵时，可以借用无人通行的非机动车道行驶。（　）

提示 道路划分为机动车道、非机动车道和人行道的，机动车、非机动车、行人实行分道通行。

81 在这种情况下可以借右侧公交车道超车。（　）

答案 71.× 72.× 73.B 74.× 75.C 76.× 77.× 78.× 79.× 80.× 81.×

提示 ▶ 道路划设专用车道的,在专用车道内,只准许规定的车辆通行,其他车辆不得进入专用车道内行驶。

82 在这段路的最高速度为每小时50公里。( )

提示 ▶ 图中有红圈的标志是最高限速标志,蓝底的标志是最低限速标志。

83 在这个弯道上行驶时的最高速度不能超过多少?
( )

A. 40公里/小时 B. 30公里/小时
C. 50公里/小时 D. 70公里/小时

提示 ▶ 机动车行驶中遇有下列情形之一的,最高行驶速度不得超过每小时30公里:①进出非机动车道,通过铁路道口、急弯路、窄路、窄桥时;②掉头、转弯、下陡坡时;③遇雾、雨、雪、沙尘、冰雹,能见度在50米以内时;④在冰雪、泥泞的道路上行驶时;⑤牵引发生故障的机动车时。

84 在路口遇这种情形怎样通行? ( )

A. 鸣喇叭告知让行 B. 直接加速转弯
C. 减速缓慢转弯   D. 让左方来车先行

提示 ▶ 机动车通过没有交通信号灯控制也没有交通警察指挥的交叉路口,应当遵守下列规定:①有交通标志、标线控制的,让优先通行的一方先行;②没有交通标志、标线控制的,在进入路口前停车瞭望,让右方道路的来车先行;

③转弯的机动车让直行的车辆先行;④相对方向行驶的右转弯的机动车让左转弯的车辆先行。

85 驾驶机动车遇前方交叉路口交通阻塞时,路口内无网状线的,可停在路口内等候。 ( )

提示 ▶ 机动车遇有前方交叉路口交通阻塞时,应当依次停在路口以外等候,不得进入路口。

86 遇到这种情况的路段,可以进入网状线区域内停车等候。 ( )

提示 ▶ 机动车在遇有前方机动车停车排队等候或者缓慢行驶时,应当依次排队,不得从前方车辆两侧穿插或者超越行驶,不得在人行横道、网状线区域内停车等候。

87 在没有交通信号灯的路口遇停车等待时,可以临时占用对面车道,避免造成更大的拥堵。 ( )

提示 ▶ 题中情形应依次停车排队等候,占用对面车道是错误的。

88 在这种情况的铁路道口要加速通过。 ( )

提示 ▶ 红灯亮表示禁止车辆通行,此时应停车等待。

89 行经这种交通标线的路段要加速行驶。 ( )

提示 ▶ 机动车行经人行横道时,应当减速行驶;遇行人正在通过人行横道,应当停车让行。图中车辆前方有人行横道预告标线,表示前方将出现人行横道。

90 驾驶机动车通过漫水路时要加速行驶。 ( )

提示 ▶ 机动车行经漫水路或者漫水桥时,应当停车察明水情,确认安全后,低速通过。

91 遇到图中所示的漫水路段时,要提前减速,谨慎慢行进入水区,在涉水路段行驶,一定要低速缓慢行驶,涉水途中禁止停车。 ( )

提示 在没有划分车道线的道路上应从前车的左侧超越。

98 驾驶机动车在下列哪种情形下不能超越前车？（　　）
A. 前车减速让行　　B. 前车正在左转弯
C. 前车靠边停车　　D. 前车正在右转弯

提示 《道路交通安全法》第43条规定，有下列情形之一的，不得超车：（1）前车正在左转弯、掉头、超车的；（2）与对面来车有会车可能的；（3）前车为执行紧急任务的警车、消防车、救护车、工程救险车的；（4）行经铁路道口、交叉路口、窄桥、弯道、陡坡、隧道、人行横道、市区交通流量大的路段等没有超车条件的。

提示 题中表述缺少停车察明水情的重要环节。

92 驾驶机动车在没有中心线的道路上遇相对方向来车时怎样行驶？（　　）
A. 紧靠路边行驶　　B. 靠路中心行驶
C. 减速靠右行驶　　D. 借非机动车道行驶

提示 在没有中心隔离设施或者没有中心线的道路上，机动车遇相对方向来车时应当遵守下列规定：①减速靠右行驶，并与其他车辆、行人保持必要的安全距离；②在有障碍的路段，无障碍的一方先行；但有障碍的一方已驶入路段而无障碍的一方未驶入时，有障碍的一方先行；③在狭窄的坡路，上坡的一方先行；但下坡的一方已行至中途而上坡的一方未上坡时，下坡的一方先行；④在狭窄的山路，不靠山体的一方先行；⑤夜间会车应当在距相对方向来车150米以外改用近光灯，在窄路、窄桥与非机动车会车时应当使用近光灯。

99 如图所示，在这种情况下只要后方没有来车，可以倒车。（　　）

提示 图中路段为单行路，不能倒车。

100 遇到这种情况的路口，以下做法正确的是什么？（　　）

A. 沿左侧车道掉头　　B. 该路口不能掉头
C. 选择中间车道掉头 D. 在路口内掉头

提示 机动车在有禁止掉头或者禁止左转弯标志、标线的地点以及在铁路道口、人行横道、桥梁、急弯、陡坡、隧道或者容易发生危险的路段，不得掉头。

101 如图所示，在这起交通事故中，以下说法正确的是什么？（　　）

93 在狭窄的山路会车，因为靠山体的一方视野宽阔，所以要让不靠山体的一方优先行驶。（　　）

提示 因为靠山体的一方让行的危险性相对较小。

94 如图所示，红圈中标记车辆使用灯光的方法是正确的。（　　）

提示 红圈中标记车辆使用的是远光灯，应当使用近光灯。

95 驾驶机动车在道路上超车时可以不使用转向灯。（　　）

提示 机动车超车时，应当提前开启左转向灯。

96 驾驶机动车超车后立即开启右转向灯驶回原车道。（　　）

提示 超车后，在与被超车辆拉开必要的安全距离后，开启右转向灯，驶回原车道。

97 遇到这种情况下可以从右侧超车。（　　）

答案 92.C 93.× 94.× 95.× 96.× 97.× 98.B 99.× 100.B 101.B

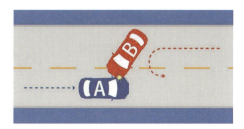

A. A 车负全部责任
B. B 车负全部责任
C. 都无责任，后果自行承担
D. 各负一半责任

> 提示 车辆掉头不得妨碍其他车辆正常行驶，A 车在有行驶权的道路上正常行驶，所以 B 车负全部责任。

102 驾驶机动车找不到停车位时，可以借人行道停放。（　　）

> 提示 人行道上禁止停放机动车。

103 机动车在路边道路临时停车时，可以暂时并列停放。（　　）

> 提示 并列停放会妨碍其他车辆通行。

104 驾驶机动车在道路上向左变更车道时如何使用灯光？（　　）
A. 提前开启右转向灯
B. 不用开启转向灯
C. 提前开启左转向灯
D. 提前开启近光灯

> 提示 机动车应当按照下列规定使用转向灯：①向左转弯、向左变更车道、准备超车、驶离停车地点或者掉头时，应当提前开启左转向灯；②向右转弯、向右变更车道、超车完毕驶回原车道、靠路边停车时，应当提前开启右转向灯。

105 夜间尾随前车行驶时，后车可以使用远光灯。（　　）

> 提示 同方向行驶的后车与前车近距离行驶时，不得使用远光灯。

106 夜间驾驶机动车驶近上坡坡顶路段时，要使用远光灯。（　　）

> 提示 题中情形，应交替使用远近光灯示意，而不是使用远光灯。

107 驾驶机动车上坡时，在将要到达坡道顶端时要加速并鸣喇叭。（　　）

> 提示 应当减速并鸣喇叭。

108 如图所示，造成事故的原因是货车遗洒货物，货车负全部责任。（　　）

> 提示 机动车载物应当符合核定的载质量，严禁超载；载物的长、宽、高不得违反装载要求，不得遗洒、飘散载运物。

109 牵引故障车时，牵引与被牵引的机动车，在行驶中都要开启危险报警闪光灯。（　　）

> 提示 牵引故障机动车，牵引车和被牵引车均应当开启危险报警闪光灯。

110 驾驶机动车上路行驶，后排乘车人可不系安全带。（　　）

> 提示 后排乘车人也要系好安全带。

111 在这段道路上一定要减少鸣喇叭的频率。（　　）

> 提示 不是"减少"，应是"禁止"。

112 如图所示，驾驶过程中遇到这种情况时，A 车可以长鸣喇叭提醒道路养护车辆暂停喷水。（　　）

> 提示 A 车应避让道路养护车辆。

113 这辆停在路边的机动车没有违法行为。（　　）

> 提示 警告标志设置得太近。

114 机动车在道路上发生故障难以移动时，要在车后 50 米以内设置警告标志，以防止发生交通事故。（　　）

> 提示 题中情形，应是"50～100 米"，而不是

答案 102.× 103.× 104.C 105.× 106.× 107.× 108.√ 109.√ 110.× 111.× 112.× 113.× 114.×

"50 米以内"。

115 这辆在高速公路上临时停放的故障车,警告标志应该设置在车后多远处?（　　）

A. 150 米以外　　B. 50～150 米
C. 50 米以内　　D. 50～100 米

提示 机动车在高速公路上发生故障难以移动时应在车后 150 米以外设置警告标志。

116 车辆在高速公路发生故障不能移动时,驾驶人这种尝试排除故障的做法是否正确?（　　）

提示 题中做法存在四点错误:一是没有开启危险报警闪光灯；二是没有在车后 150 米以外放置警告标志；三是车上人员没有迅速转移到右侧路肩上或者应急车道内；四是没有迅速报警,等待救援,而是尝试排除故障。

117 高速公路上车辆发生故障后,开启危险报警闪光灯和摆放警告标志是为了向其他车辆求助。
（　　）

提示 题中做法是为了警告后续车辆注意避让。

118 驾驶机动车在高速公路上发生故障,需要停车排除故障时,若能将机动车移至应急车道内,则不需要开启危险报警闪光灯。（　　）

提示 题中情形仍需要开启危险报警闪光灯。

119 在这条车道行驶的最低车速是多少?（　　）

A. 100 公里/小时　　B. 110 公里/小时
C. 60 公里/小时　　D. 90 公里/小时

提示 高速公路车速规定归纳成下表:

高速公路车速规定

分类	车种及车道区分		车速/ （公里/小时）
最高 车速	小型载客汽车		120
	其他机动车		100
	摩托车		80
最低 车速	同方向有 2 条车道的	左侧车道	100
		右侧车道	60
	同方向有 3 条 以 上 车 道的	最左侧车道	110
		中间车道	90
		最右侧车道	60

注:道路限速标志标明的车速与上述车道行驶车速的规定不一致的,按道路限速标志标明的车速行驶。

图中高速公路同方向有 3 条车道,依据此表,车辆所在的中间车道的最低车速为每小时 90 公里。

120 驾驶车辆驶离高速公路可以从这个位置直接驶入匝道。（　　）

提示 驶离高速公路应先进入减速车道,再驶入匝道。

121 驾驶机动车在高速公路遇到能见度低于 200 米的气象条件时,最高车速是多少?（　　）

A. 不得超过 100 公里/小时
B. 不得超过 90 公里/小时
C. 不得超过 60 公里/小时
D. 不得超过 80 公里/小时

提示 能见度小于 200 米时,开启雾灯、近光灯、示廓灯和前后位灯,车速不得超过每小时 60 公里,与同车道前车保持 100 米以上的距离。

122 驾驶机动车在高速公路遇到能见度低于 100 米的气象条件时,最高车速是多少?（　　）

A. 不得超过 40 公里/小时
B. 不得超过 60 公里/小时
C. 不得超过 80 公里/小时
D. 不得超过 90 公里/小时

提示 能见度小于 100 米时,开启雾灯、近光灯、示廓灯、前后位灯和危险报警闪光灯,车速不得超过每小时 40 公里,与同车道前车保持

115．A 116．× 117．× 118．× 119．D 120．× 121．C 122．A

50米以上的距离。

123 驾驶机动车在高速公路遇到能见度低于50米的气象条件时，车速不得超过20公里/小时，还应怎么做？（　　）
A. 进入应急车道行驶
B. 尽快驶离高速公路
C. 尽快在路边停车
D. 在路肩低速行驶

提示 能见度小于50米时，开启雾灯、近光灯、示廓灯、前后位灯和危险报警闪光灯，车速不得超过每小时20公里，并从最近的出口尽快驶离高速公路。

124 如图所示，前车在行驶过程中没有违法行为。（　　）

提示 不允许在高速公路上学习汽车驾驶。

125 机动车驾驶人有以下哪种违法行为的，暂扣六个月机动车驾驶证？（　　）
A. 醉酒后驾驶机动车的
B. 伪造、变造机动车驾驶证的
C. 饮酒后驾驶机动车的
D. 使用伪造、变造机动车驾驶证的

提示 饮酒后驾驶机动车的，处暂扣6个月机动车驾驶证，并处1000元以上2000元以下罚款。因饮酒后驾驶机动车被处罚，再次饮酒后驾驶机动车的，处10日以下拘留，并处1000元以上2000元以下罚款，吊销机动车驾驶证。

126 饮酒后或者醉酒驾驶机动车发生重大交通事故构成犯罪的，依法追究刑事责任，吊销机动车驾驶证，将多少年内不得申请机动车驾驶证？（　　）
A. 5年　B. 10年　C. 20年　D. 终生

提示 饮酒后或者醉酒驾驶机动车发生重大交通事故，构成犯罪的，依法追究刑事责任，并由公安机关交通管理部门吊销机动车驾驶证，终生不得重新取得机动车驾驶证。

127 驾驶人未携带哪种证件驾驶机动车上路，交通警察可依法扣留车辆？（　　）
A. 机动车通行证　　B. 居民身份证
C. 从业资格证　　　D. 机动车行驶证

提示 上道路行驶的机动车未悬挂机动车号牌、未放置检验合格标志、保险标志，或者未随车携带行驶证、驾驶证的，公安机关交通管理部门应当扣留机动车，并处警告或者20元以上200元以下罚款。

128 机动车驾驶人造成事故后逃逸构成犯罪的，吊销驾驶证且五年内不得重新取得驾驶证。（　　）

提示 题中情形，终生不得重新取得机动车驾驶证。

129 驾驶人违反交通运输管理法规发生重大事故致人重伤、死亡，可能会受到什么刑罚？（　　）
A. 处3年以下徒刑或者拘役
B. 处3年以上7年以下徒刑
C. 处5年以上徒刑
D. 处7年以上徒刑

提示 《刑法》第133条第1款规定：违反交通运输管理法规，因而发生重大事故，致人重伤、死亡或者使公私财产遭受重大损失的，处三年以下有期徒刑或者拘役；交通运输肇事后逃逸或者有其他特别恶劣情节的，处三年以上七年以下有期徒刑；因逃逸致人死亡的，处七年以上有期徒。

130 以下哪项行为可构成危险驾驶罪？（　　）
A. 闯红灯　　　　B. 无证驾驶
C. 疲劳驾驶　　　D. 醉驾

提示 在道路上驾驶机动车，有下列情形之一的，处拘役，并处罚金：①追逐竞驶，情节恶劣的；②醉酒驾驶机动车的；③从事校车业务或者旅客运输，严重超过额定乘员载客，或者严重超过规定时速行驶的；④违反危险化学品安全管理规定运输危险化学品，危及公共安全的。

131 当驾驶人血液中酒精含量为50mg/100ml时，属于醉酒驾驶。（　　）

提示 血液中酒精含量≥80mg/100ml，属于醉酒驾驶；20mg/100ml≤血液中酒精含量＜80mg/100ml，属于饮酒驾驶。

132 无证驾驶可构成危险驾驶罪。（　　）

提示 危险驾驶罪是指在道路上有醉酒驾驶或追逐竞驶等危害公共安全行为的定罪，不包括无证驾驶。

133 对有使用伪造或变造检验合格标志嫌疑的车辆，交通警察只进行罚款处罚。（　　）

提示 题中情形应依法扣留车辆。

134 驾驶人驾驶有达到报废标准嫌疑机动车上路的，交通警察依法予以拘留。（　　）

提示 题中情形应依法扣留车辆。

135 驾驶人将机动车交给驾驶证被暂扣的人驾驶的，

123.B　124.×　125.C　126.D　127.D　128.×　129.A　130.D　131.×　132.×　133.×　134.×　135.×

交通警察给予口头警告。（　　）

提示 题中情形应依法扣留机动车驾驶证。

136 机动车之间发生交通事故，不管是否有人员伤亡，只要双方当事人同意，都可自行协商解决。
（　　）

提示 交通事故中如有人员伤亡，不能自行协商解决。

137 驾驶机动车在道路上发生交通事故要立即将车移到路边。（　　）

提示 此题没有明确该交通事故是否具备自行协商处理的条件，不能立即将车移到路边。

138 驾驶机动车与行人之间发生交通事故造成人身伤亡、财产损失的，机动车一方没有过错的，不承担赔偿责任。（　　）

提示 题中情形，机动车一方应承担不超过百分之十的赔偿责任。

139 驾驶机动车在道路上发生交通事故，任何情况下都应标明现场位置后，先行撤离现场。（　　）

提示 如发生人员伤亡及当事人对财产损失有争议的事故应保护现场并立即报警。

140 驾驶机动车碰撞建筑物、公共设施后，只要没有人员伤亡，可即行撤离现场。（　　）

提示 题中情形，车辆可以移动的，当事人应当组织车上人员疏散到路外安全地点，在确保安全的原则下，采取现场拍照或者标画事故车辆现场位置等方式固定证据，将车辆移至不妨碍交通的地点后报警，"即行撤离现场"是错误的。

141 遇到这种单方交通事故，应如何处理？（　　）

A. 不用报警
B. 报警
C. 直接联系路政部门进行理赔
D. 直接联系绿化部门

提示 碰撞建筑物、公共设施或者其他设施的，当事人应当保护现场并立即报警。

142 机动车发生财产损失交通事故，对应当自行撤离现场而未撤离的，交通警察不可以责令当事人撤离现场。（　　）

提示 对应当自行撤离现场而未撤离的，交通警察应当责令当事人撤离现场；造成交通堵塞的，对驾驶人处以200元罚款。

143 这种握转向盘的动作是正确的。（　　）

提示 正确的握法是：左右手分别握在时钟9～10时和2～3时的位置。

144 湿滑路面制动过程中，发现车辆偏离方向，以下做法正确的是？（　　）
A. 连续轻踩轻放制动踏板
B. 用力踩制动踏板
C. 不要踩制动踏板
D. 任意踩制动踏板

提示 题中情形，如踩制动踏板，会导致车辆发生侧滑，甚至侧翻。

145 将点火开关转到ACC位置发动机工作。（　　）

提示 将点火开关转到ACC位置音响等电器可用，发动机不工作。

146 点火开关在ON位置，车用电器不能使用。
（　　）

提示 将点火开关在ON位置，车用电器可以使用。

147 灯光开关旋转到这个位置时，全车灯光点亮。

答案 136.× 137.× 138.× 139.× 140.× 141.B 142.× 143.× 144.C 145.× 146.× 147.×

148 按下这个开关，后风窗玻璃除霜器开始工作。
（　　）

> 提示 这个按钮是前风窗玻璃除雾开关，下方的按钮是后风窗玻璃除雾开关。

149 仪表显示当前车速是 20 公里/小时。（　　）

> 提示 此图为发动机转速表，显示当前发动机转速是 2000 转/分钟。

150 仪表显示当前发动机转速是 6000 转/分钟。
（　　）

> 提示 此图为速度和里程表，显示当前车速是 60 公里/小时。

151 行车中，制动报警灯亮，应试踩一下制动，只要有效可正常行车。（　　）

> 提示 题中情形应立刻停车检查。

152 安全头枕用于在发生追尾事故时保护驾驶人的头部不受伤害。（　　）

> 提示 安全头枕保护驾驶人的颈部不受伤害。

153 驾驶机动车前，需要调整安全头枕的高度，使头枕正对驾驶人的颈椎。（　　）

> 提示 安全头枕的高度应正对驾驶人的后脑。

154 装有 ABS 的机动车在冰雪路面上会最大限度缩短制动距离。（　　）

> 提示 ABS 的主要作用是防止车轮抱死后出现侧滑，不具有缩短制动距离的功能。

155 驾驶有 ABS 的机动车在紧急制动的同时转向可能会发生侧滑。（　　）

> 提示 装有 ABS 的车辆可以防止紧急制动时出现侧滑，但不能避免转向时出现的侧滑，所以在紧急制动的同时转向可能会发生侧滑。

156 安装防抱死制动系统（ABS）的机动车制动时，制动距离会大大缩短，因此不必保持安全车距。
（　　）

> 提示 安装 ABS 的车辆没有缩短制动距离的功能。

157 车辆在路边起步后应尽快提速，并向左迅速转向驶入正常行驶道路。（　　）

> 提示 起步后"尽快提速""迅速转向"影响行车安全。

158 机动车临时靠边停车后准备起步时，驾驶人应鸣喇叭示意左侧车道机动车让道。（　　）

> 提示 题中情形，不得妨碍其他车辆的正常通行，即应给左侧车道车辆让行。

159 变更车道时只需开启转向灯，并迅速转向驶入相应的车道，以不妨碍同车道机动车正常行驶。
（　　）

> 提示 题中表述有两处错误：一是不应该迅速转向；二是不能妨碍相关车道机动车正常行驶，而不仅仅是同车道。

160 变更车道时，提前打开转向灯后，就可以立即变更车道。（　　）

> 提示 开启转向灯 3 秒后才能转向。

161 这辆红色轿车变更车道的方法和路线是正确的。
（　　）

> 提示 红色轿车有两点错误：一是变更车道没有开启转向灯；二是与后车没留出足够安全距离。

162 在道路上驾驶机动车与对向来车会车时，可以不注意两车横向间距。（　　）

> 提示 会车时要注意保持足够的安全横向距离，以免发生刮擦事故。

163 驾驶的车辆正在被其他车辆超越时，若此时后方有跟随行驶的车辆，应怎样做？（　　）
A. 继续加速行驶
B. 稍向右侧行驶，保证横向安全距离
C. 靠道路中心行驶
D. 加速向右侧让路

答案 148.× 149.× 150.× 151.× 152.× 153.× 154.× 155.√ 156.× 157.× 158.× 159.× 160.× 161.× 162.× 163.B

提示▶ 让超要既让道又让速,题中选项 C 不让道,选项 AD 不让速。

164 在道路上超车时,应尽量加大横向距离,必要时可越实线超车。(　　)

提示▶ 道路上实线不能跨越。

165 风、雨、雪、雾等复杂气象条件,遇前车速度较低时,应开启前照灯,连续鸣喇叭迅速超越。(　　)

提示▶ 遇到题中情形,"连续鸣喇叭"不礼貌,"迅速超越"不安全。

166 在图中这种环境下超车时,要变换远近光灯告知前车,待前车让行后,再开启远光灯超越。(　　)

提示▶ 题中情形,前车让行后,应开启近光灯超越。

167 如图所示,在这种情形超车时,要提前开启左转向灯,连续鸣喇叭或开启远光灯提示,催促前车让行。(　　)

提示▶ 超车时,不可连续鸣喇叭催促,也不能开远光灯。

168 驾驶机动车超车时,可以鸣喇叭替代开启转向灯。(　　)

提示▶ 鸣喇叭是给前方被超车辆发出的超车信号,开启转向灯是给后方车辆发出的将要变更车道进行超车的信号,两者不能替代。

169 如图所示,A 车可以从左侧超越 B 车。(　　)

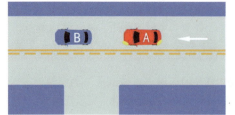

提示▶ 道路中间是虚实黄线,不允许从实线一方跨越。

170 机动车在道路上临时停车时,应按顺行方向停车,车身距道路边缘不超过 50 厘米。(　　)

提示▶ 题中情形,车身距道路边缘不超过 30 厘米。

171 在这种路口怎样进行掉头?(　　)

A. 从中心线虚线处掉头
B. 从右侧车道掉头
C. 进入路口后掉头
D. 在人行横道上掉头

提示▶ 图中车辆左侧道路中心线为虚实线,从虚线一侧可以越线掉头。

172 直线行驶时,车速越快,转向盘操作量应越多,转动转向盘的速度也应越快。(　　)

提示▶ 直线行驶时,转向盘的操作量与汽车行驶速度成反比。车速越快,转向盘操作量应越小,转动转向盘的速度也应越慢。

173 车辆行至交叉路口时,左转弯车辆在任何时段都可以进入左转弯待转区。(　　)

提示▶ 遇题中情形,只有在左转是红灯,直行是绿灯时,才可以进入左转弯待转区。

174 如图所示,驶近这种路口时,必须先停车,再重新起步通过路口。(　　)

提示▶ 看到停车让行标志,应该是在停止线以外停车观察,确认安全后,才可通行,并不是停车后重新起步即可。

175 驾驶机动车在进入环岛路口时应按顺时针方向行驶,必要时减速或停车让行。(　　)

提示▶ 遇题中情形,应按逆时针方向行驶。因为我国实行右侧通行原则,如果进入环岛顺时针行驶,车辆在进出环岛路的时候会因为变道而形成交叉,使环岛路失去了疏导交通的作用,相反还会造成麻烦,引发交通事故。

176 驾驶机动车驶出环岛时,应先驶入最右侧车道不用开启转向灯驶离即可。(　　)

提示▶ 驶出环岛应当开启右转向灯。

答案
164.× 165.× 166.× 167.× 168.× 169.× 170.× 171.A 172.× 173.× 174.× 175.× 176.×

177 如图所示，A车具有优先通行权。　　（　）

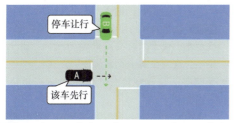

提示 A车和B车都是直行，但A车距两车交汇点较近，若让A车等待B车，则时间更长，所以A车应先行。

178 驾驶机动车在路口右转弯时，应提前开启右转向灯，不受信号灯限制，不受车速限制，迅速通过，防止路口堵塞。　　（　）

提示 题中情形，应限制车速，注意观察行人及来往车辆，安全通过。

179 在交叉路口遇到这种情况时，要在红灯亮以前加速通过路口。　　（　）

提示 图中路口黄灯亮，未越过停止线的车辆禁止通行。

180 如图所示，在环岛交叉路口发生的交通事故中，应由A车负全部责任。　　（　）

提示 准备进入环形路口的机动车（A车）应让已在路口内的机动车（B车）先行。

181 如图所示，在这种情况下准备进入环形路口时，为了保证车后车流的通畅，应加速超越红车进入路口。　　（　）

提示 在图示情况下应减速慢行，跟着红车，不能超车。

182 如图所示，通过有这个标志的路口时应该减速让行。　　（　）

提示 图中是停车让行标志，光减速是不够的，应停车让行。

183 如图所示，通过有这个标志的路口时无需减速。　　（　）

提示 图中有减速让行标志，所以通过有这个标志的路口应减速。

184 驾驶机动车在交叉路口前变更车道时，应在进入实线区后，开启转向灯，变更车道。　　（　）

提示 机动车在交叉路口进入实线区后不允许变更车道。

185 如图所示，在这种铁路道口，如果没有看到列车驶来就要加速通过道口。　　（　）

提示 图中红灯已亮，说明列车很快将至，此时应在停止线以外停车等待，切不可加速通过道口。

186 驾驶车辆驶入铁路道口前减速降挡，进入道口后可以变换挡位。　　（　）

提示 车辆进入道口后不能变换挡位，以防挂不进挡或导致发动机熄火，从而出现险情。

187 通过无人看守的铁路道口时，没有看到火车到来可以加速通过。　　（　）

提示 题中"没有看到火车"，并不代表远处没有火车会突然驶进，因此"加速通过"是错误的。

188 如图所示,驶近一个铁路道口时,只要看到栏杆还没放下来,就可以加速通过道口。（ ）

提示 图中两个红灯交替闪烁,尽管栏杆还没放下来,也应在停止线以外停车等待,不能加速通过道口。

189 在这种情况下可以加速通过人行横道。（ ）

提示 "加速通过"容易造成危险。

190 如图所示,驾驶机动车遇到没有行人通过的人行横道时不用减速慢行。（ ）

提示 题中情形也应减速慢行。

191 如图所示,驶近这种路段时,只要没有车辆和行人在人行横道上通过,就可以加速通过。（ ）

提示 行经人行横道,即使无行人通过,也应减速行驶,加速通过是错误的。

192 车辆驶入双向行驶隧道前,要开启远光灯。（ ）

提示 题中情形应开启近光灯或示廓灯。

193 驾驶机动车驶出地下车库时,应按照导向箭头的方向行驶,不得逆行。（ ）

提示 地下车库道路较窄,光线较暗,如逆行很容易和对向车发生事故。

194 在山区道路超车时,应怎样超越?（ ）
　A. 尽量抓住任何机会
　B. 选择宽阔的缓上坡路段
　C. 选择较长的下坡路
　D. 选择较缓的下坡路

提示 选择宽阔的缓上坡路段超车的理由:宽阔路段超车,便于保持安全的横向间距;缓上坡路段超车,有利于前车减速让行。

195 如图所示,驾驶机动车驶出车道后可以直接驶入行车道。（ ）

提示 进入高速公路应先在加速车道提速后才能驶入行车道,直接驶入行车道是错误的。

196 驾驶机动车在高速公路上行驶,错过出口时,如果确认后方无来车,可以倒回出口驶离高速公路。（ ）

提示 机动车在高速公路不允许倒车,错过出口时,应驶到下一出口驶离。

197 如图所示,A车的行为是正确的。（ ）

提示 驶离高速公路应先进入减速车道减速后才能驶入匝道,图中A车直接驶入匝道是错误的。

198 车辆在高速公路匝道上掉头时,应确保后方无来车。（ ）

提示 在高速公路匝道上不允许掉头。

199 车辆驶入匝道后,迅速将车速提高到每小时60公里以上。（ ）

提示 匝道大多为弯道,车速一般不要超过每小时40公里,提速应在加速车道进行。

200 车辆在高速公路匝道提速到每小时60公里以上时,可直接驶入行车道。（ ）

提示 匝道大多为弯道,车速不宜过快,所以不能在匝道提速直接驶入行车道。

201 驾驶车辆可以从这个位置直接驶入高速公路行车道。（ ）

提示 汽车驶入高速公路,应先从匝道驶入加速车道,经加速后再驶入行车道。图中车辆从匝道直接驶入行车道是错误的。

202 高速公路因发生事故造成堵塞时,可在右侧紧急停车带或路肩行驶。（　　）

提示 紧急停车带或路肩只有遇到紧急情况才能使用。

203 机动车在高速公路行驶,如有人员需要上下车,必须将车停在紧急停车带才能进行。（　　）

提示 在高速公路上不允许人员上下车,题中情形只有到服务区才能进行

204 下列做法是否正确？（　　）

提示 图中在高速公路牵引故障车应在最右侧行车道行驶。

205 车辆在高速公路行驶时,可以仅凭感觉确认车速。（　　）

提示 车速应通过车速表来确认,不能仅凭感觉。

206 车辆在高速公路上行车,可以频繁地变更车道。（　　）

提示 高速公路车辆多,车速快,频繁变更车道非常危险。

207 行驶在高速公路上遇大雾视线受阻时,应当立即紧急制动停车。（　　）

提示 遇到题中情形,应逐渐减速停车,不能立即紧急制动。

208 小型客车行驶在平坦的高速公路上,突然有颠簸感觉时,应迅速降低车速,防止爆胎。（　　）

提示 在平坦的道路上,突然有颠簸感觉,说明轮胎可能出现问题。

209 在高速公路上遇分流交通管制时,可不驶出高速公路,就地靠边停靠等待管制结束后继续前行。（　　）

提示 高速公路的分流交通管制就是指在高速公路上遇到紧急情况后,将后续来车在匝道口进行管制通行,避免次生事故和交通拥堵。为此,在匝道口的车辆都应驶出高速公路。

210 在高速公路上行驶感觉疲劳时,应立即停车休息,以保证行车安全,避免因疲劳驾驶而导致的交通事故。（　　）

提示 高速公路上不准停车,感觉疲劳时,应到最近的服务区停车休息。

211 驾驶机动车在高速公路上车辆发生故障时,为获得其他车辆的帮助,可将警告标志放置在其他车道。（　　）

提示 警告标志应放置在本车道。

212 驾驶机动车在高速公路上车辆发生故障时,若车辆可以移动至应急车道内,只需开启危险报警闪光灯,警告标志可根据交通流情况选择是否放置。（　　）

提示 题中情形,必须放置警告标志。

213 驾驶机动车在高速公路上行驶,当能见度小于200米时,与同车车道前车应保持50米以上的距离。（　　）

提示 题中情形,与同车车道前车应保持100米以上的距离。

214 雨天路面湿滑,车辆制动距离增大,行车中尽量使用紧急制动减速。（　　）

提示 在湿滑的路面上使用紧急制动会发生侧滑。

215 在大暴雨的天气驾车,刮水器无法正常工作时,应立即减速行驶？（　　）

提示 题中情形,应立即减速靠边停车。

216 在大雨天行车,为避免发生"水滑"而造成危险,要控制速度行驶。（　　）

提示 所谓"水滑"是指在大雨天汽车在积水路面上高速行驶时,轮胎与路面间的存水不能排除,水的压力使车轮上浮,形成汽车在积水路面上滑行的现象。"水滑"是汽车高速行驶时的特有现象,低速时极为少见,因此在大雨天行车,为避免发生"水滑"而造成危险,要控制速度行驶。

217 雨天行车视线受阻,开启远光灯会提高能见度。（　　）

提示 雨天开远光灯会使驾驶人产生目眩。

218 如图所示,在这种天气行车,由于能见度较低,需要提前开启远光灯告知对向来车。（　　）

答案 202.× 203.× 204.× 205.× 206.× 207.× 208.√ 209.× 210.× 211.× 212.× 213.× 214.× 215.× 216.√ 217.× 218.×

提示 题中情形应开启前照灯、示廓灯和后位灯，但不能开启远光灯，否则不仅会产生目眩，还会影响对向来车视线。

219 漫水道路行车时，应挂高速挡，快速通过。（ ）

提示 在漫水道路行车时，若车速过快，水花会溅湿电器设备，造成短路。

220 车辆涉水后，应保持低速行驶，怎样操作制动踏板，以恢复制动效果？（ ）
A. 持续重踏　　　B. 间断重踏
C. 持续轻踏　　　D. 间断轻踏

提示 涉水后，车轮制动器内有水，影响制动效果，此时可间断轻踏制动踏板，使制动器摩擦生热蒸发水分，恢复制动效果。

221 如图所示，在这种雾天情况下，通过交叉路口时必须开灯、鸣喇叭，加速通过，以免造成交通拥堵。（ ）

提示 题中没有明确开什么灯，加速通过就更不对了。

222 雾天行车为了提高能见度，应该开启远光灯。
（ ）

提示 浓雾天气应开启雾灯，若开启远光灯，浓雾会对灯光反射，使驾驶人视线模糊。

223 雾天行车时，可多鸣按喇叭催促前车提速，避免发生追尾事故。（ ）

提示 雾天行车应减速慢行，并与前车保持安全距离，鸣按喇叭催促前车提速是错误的。

224 在这种天气条件下行车如何使用灯光？（ ）

A. 使用近光灯　　　B. 不使用灯光
C. 使用远光灯　　　D. 使用雾灯

提示 跟车时远光灯会干扰前车驾驶人视觉，所以不能使用；雾灯是雾天使用的，所以在雪天也不能使用。

225 雪天行车时，应该开启近光灯和雾灯。（ ）

提示 下雪天视线受阻，应打开近光灯。但雪天不是雾天，不用开雾灯。

226 雪天行车中，在有车辙的路段应循车辙行驶。
（ ）

提示 循车辙行驶有两点好处：一是其他车走过的路，相对比较安全；二是车辙已被其他车辆压实，可以减小行驶阻力。

227 夜间道路环境对安全行车的主要影响是什么？
（ ）
A. 驾驶人体力下降
B. 驾驶人易产生冲动、幻觉
C. 能见度低、不利于观察道路交通情况
D. 路面复杂多变

提示 题中问的是"道路环境"对安全行车的影响。

228 夜间行车中，前方出现弯道时，灯光照射会发生怎样的变化？（ ）
A. 离开路面　　　B. 由路中移到路侧
C. 距离不变　　　D. 由高变低

提示 夜间灯光照射变化规律是：道路平直，灯光距离不变；出现弯道，灯光从路中移至路侧；出现上坡，灯光由高变低；出现下坡，灯光离开路面。

229 夜间在道路上会车时，应在距离对向来车100米以内将远光灯改用近光灯。（ ）

提示 应在距相对方向来车150米以外改用近光灯。

230 降低轮胎气压可有效防止爆胎？（ ）

提示 轮胎气压不足是导致爆胎的主要根源。

231 行车中当驾驶人意识到车辆爆胎时，应在控制住方向的情况下采取紧急制动，迫使车辆迅速停住。（ ）

提示 先方向后制动是对的，但采取紧急制动，迅速停车是错误的。

232 驾驶人一边驾车，一边吸烟对安全行车无影响。
（ ）

提示 开车时吸烟会导致驾驶操作不便，还会引发火灾。

233 驾驶人在观察后方无来车的情况下，未开转向灯就变更车道也是合理的。（ ）

提示 要形成良好的驾驶习惯，才能防患未然。

234 如图所示，驾驶机动车遇到这种情况，要减速慢行，同时持续鸣喇叭提醒行人注意查看路况。
（ ）

答案 219.× 220.D 221.× 222.× 223.× 224.A 225.× 226.√ 227.C 228.B 229.× 230.× 231.× 232.× 233.× 234.×

提示 ▶ 持续鸣喇叭是一种不文明行为。

235 机动车在环形路口内行驶，遇有其他车辆强行驶入时，只要有优先权就可以不避让。（ ）
提示 ▶ 安全第一，礼让三先，做到既"得理"又"饶人"。

236 车辆在交叉路口绿灯亮后，遇非机动车抢道行驶时，可以不让行。（ ）
提示 ▶ 遇到弱势群体（非机动车、行人等），都要让行。

237 行车中突遇对向车辆强行超车，占据自己车道时，可不予避让，迫使对方让路。（ ）
提示 ▶ 题中做法很不安全，如对向车辆来不及让路，就将造成撞车事故。

238 行车中遇儿童在路边玩耍，应长鸣喇叭，迅速从一侧通过？（ ）
提示 ▶ 题中情形，应减速慢行，必要时停车避让。

239 如图所示，在这种道路上行驶，应在道路中间通行的主要原因是在道路中间通行速度快。（ ）

提示 ▶ 在中间通行的原因是与行人保持安全距离，而不是因为通行速度快。

240 当行人出现交通安全违法行为时，车辆可以不给行人让行。（ ）
提示 ▶ 即使行人出现交通安全违法行为，车辆也应给行人让行。

241 行车中前方遇自行车影响通行时，可鸣喇叭提示，加速绕行。（ ）
提示 ▶ "加速绕行"容易导致交通事故。

242 遇伤者被压于车轮或货物下时，要立即拉拽伤者的肢体将其拖出。（ ）
提示 ▶ 拉拽伤者的肢体会加重伤情，应将车轮或货物移开后才能将伤者移出。

243 抢救昏迷失去知觉的伤员需注意什么？（ ）
A. 马上实施心肺复苏
B. 使劲掐伤员的人中
C. 连续拍打伤员面部
D. 抢救前先检查呼吸
提示 ▶ 抢救前要先确认伤员的生命体征（包括体温、脉搏、呼吸和血压），在事故现场主要通过呼吸进行检查。

244 搬运昏迷失去知觉的伤员首先要采取仰卧位。（ ）
提示 ▶ 昏迷伤员没有自主能力，如采取仰卧位，分泌物有可能误入气管，增加窒息的危险。

245 在没有绷带急救伤员的情况下，以下救护行为中错误的是什么？（ ）
A. 用手帕包扎   B. 用毛巾包扎
C. 用棉质衣服包扎 D. 用细绳缠绕包扎
提示 ▶ 细绳由于横截面太小，包扎时可使正常的血液循环受阻，引起坏疽。

246 采用指压止血法为动脉出血伤员止血时，拇指压住伤口的什么位置？（ ）
A. 近心端动脉   B. 血管下方动脉
C. 远心端动脉   D. 血管中部
提示 ▶ 指压止血法是指较大的动脉出血后，用拇指压住出血的血管近心端（即靠近心脏方向的一端），使血管被压闭住，中断血液。

247 包扎止血不能用的物品是什么？（ ）
A. 绷带   B. 三角巾
C. 止血带   D. 麻绳
提示 ▶ 包扎止血，要求包扎物表面平整而且松软，这样才能有效地扎紧受伤部位体内的血管，阻止血管内的血液再在流通，达到止血的目的。麻绳一般由几股细绳绞合而成，其表面粗糙不够柔软，因此不适合用以止血包扎。

248 在紧急情况下为伤员止血时，须先用压迫法止血后再根据出血情况改用其他止血法。（ ）
提示 ▶ 一般小动脉和静脉出血可用加压包扎止血法，较大的动脉出血，应用止血带止血。但在紧急情况下，须先用压迫法止血，然后再根据出血情况改用其他止血法。

249 烧伤伤员口渴时，只能喝白开水。（ ）
提示 ▶ 烧伤创面会损失体液，体液中含有盐，只有喝淡盐水才能补充体液。

250 怎样抢救脊柱骨折的伤员？（ ）
A. 采取保暖措施   B. 用软板担架运送
C. 用三角巾固定   D. 扶持伤者移动
提示 ▶ 对于脊柱骨折的伤员，若运送或移动不当很有可能导致高位截瘫，正确的抢救措施是在原地固定后等待专业救护人员。

251 伤员骨折处出血时，要先固定，然后止血和包扎伤口。（ ）
提示 ▶ 伤员骨折处出血时，应先止血和包扎伤口，然后固定。

252 移动脊柱骨折的伤员，切勿扶持伤者走动，可用软担架运送。（ ）

答案：235.× 236.× 237.× 238.× 239.× 240.× 241.× 242.× 243.D 244.× 245.D 246.A 247.D 248.√ 249.× 250.C 251.× 252.√

提示▶ 用软担架运送会造成脊柱错位，导致截瘫。

253 移动脊柱骨折的伤员，要有两名以上人员扶持移动。（　）

提示▶ 移动脊柱骨折的伤员，必须放在硬板床上或者硬木板上，不能扶持移动。

254 对无骨端外露的骨折伤员肢体固定时，要超过伤口上下关节。（　）

提示▶ 题中做法的目的是不让这两个关节活动，以防骨折端移位，造成血管和神经的损伤。

255 伤员骨折处出血时，先固定好肢体再进行止血和包扎。（　）

提示▶ 伤员骨折处出血时，应先止血和包扎伤口，然后固定。

科目四

1 上车前绕车检查时，要以顺时针方向绕车检查车辆，确认安全后方可上车。（　）

提示▶ 车辆停在道路上，其左侧靠近路中，绕车检查时，在车的左侧应从前向后走，这样便于观察后方来车，所以绕车检查应为逆时针方向。

2 检查机油时，以下做法正确是什么？（　）
A. 停在平坦的地方，在起动前检查
B. 停在平坦的地方，在怠速状态下检查
C. 无需停在平坦的地方，在起动前检查
D. 无需停在平坦的地方，在怠速状态下检查

提示▶ 一是汽车停在平坦的地方，机油平面相对于汽车是水平的，这样检查的结果较准确；二是起动后有部分机油已进入机油道，此时检查的结果不准确，所以要在起动前检查。

3 出车前检查刮水器时，应尽量在干燥状态下进行。（　）

提示▶ 干燥状态下检查刮水器会损坏刮水片。

4 机动车在路边起步后应尽快提速，并向左迅速转向驶入正常行驶道路。（　）

提示▶ "尽快提速""迅速转向"不利于行车安全。

5 驾驶机动车在这种环境条件下起步前要开启远光灯。（　）

提示▶ 起步时应开启近光灯。

6 如图所示，起步时此灯亮起表示驻车制动（手刹）放下。（　）

提示▶ 此灯亮起是表示驻车制动器没有松开。

7 驾驶机动车从辅路汇入主路车流时要迅速。（　）

提示▶ 题中情形应注意观察，减速慢行，不能"迅速"汇入。

8 驾驶机动车驶离停车场进入主路时，驾驶人应当鸣喇叭示意主路车辆让行。（　）

提示▶ 题中情形，应在不影响主路车辆正常通行的情况下驶入主路，而不应该鸣喇叭示意主路车辆让行。

9 汽车的制动距离，会随着车速的升高而变短。（　）

提示▶ 车速升高，车辆惯性增大，制动距离变长。

10 驾驶机动车遇到这种情况要迅速向左变更车道。（　）

提示▶ 从图中车辆左侧后视镜获悉，左侧车道后方有黄色车辆已临近，此时不能向左变更车道。

11 驾驶机动车可在该路口处向右变更车道。（　）

提示▶ 图中车辆已到达路口实线区，此时只能停在当前道，然后直行或左转，不能向右变更车道。

12 行车中变更车道不需要提前开启转向灯。（　）

提示▶ 行车中变更车道，应至少提前3秒开启转向灯，提醒后方来车注意。

253.× 254.√ 255.× 1.× 2.A 3.× 4.× 5.× 6.× 7.× 8.× 9.× 10.× 11.× 12.×

13 如图所示,若车后 50m 范围内无其他车辆,可以不打转向灯变更车道。（　　）

提示▶ 任何情况下变更车道都应开启转向灯。

14 左右两侧车道的车辆向同一车道变更时,右侧车道车辆让左侧车道车辆先行。（　　）
提示▶ 题中情形,左侧车道的车辆让右侧车道的车辆先行。

15 驾驶车辆向右变更车道时,应提前开启右转向灯,注意观察,在确保安全的情况下,驶入要变更的车道。（　　）
提示▶ 题中向右变更车道,提前开启右转向灯,是为了提示后车。同时要观察周围情况,具备条件时再驶向变更的车道。

16 驾驶人在观察后方无来车的情况下,未开转向灯就变更车道也是合理的。（　　）
提示▶ 题中情形,无论后方有无来车,都要开转向灯。

17 驾驶机动车频繁变更车道易导致爆胎。（　　）
提示▶ 频繁变更车道会影响其他车辆正常通行,跟爆胎关系不大。

18 在道路上跟车行驶时,跟车距离不是主要的,只需保持与前车相等的速度,即可防止发生追尾事故。（　　）
提示▶ 与前车保持等速,但跟车距离过小,一旦前车制动就很容易发生追尾事故。

19 在道路上行车时,安全跟车距离无需随着速度变化而变化。（　　）
提示▶ 车速越快,跟车距离应越大。

20 如图所示,驾驶机动车在会车过程中遇到这种情况,应当持续鸣喇叭并提高车速迫使其驶回车道。（　　）

提示▶ 遇到图中情况,应减速避让。

21 在狭窄的坡路会车,如遇下坡车不减速、不让行,应持续鸣喇叭迫使其停车让行。（　　）
提示▶ 如遇题中情形,千万不能斗气,否则很容易引发事故。

22 驾驶机动车遇到这种情况不要减速。（　　）

提示▶ 有障碍的一方已驶入障碍路段而无障碍的一方未驶入时,有障碍的一方先行。

23 驾驶机动车遇到这种情况时要向左占道行驶。（　　）

提示▶ 图中对向来车越线占道行驶,遇到这种情况要减速慢行,必要时停车,不能向左占道行驶。

24 驾驶机动车行驶到路口绿灯亮时,拥有优先通行权,可以不给行人或非机动车让行。（　　）
提示▶ 题中"拥有优先通行权"主要是针对机动车的,任何时候在路口都要注意给行人或非机动车让行。

25 如图所示,在这种无信号灯控制情况下,A车、B车、C车的通行权顺序是什么？（　　）

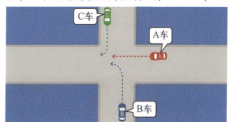

A. B车、A车、C车
B. C车、A车、B车
C. A车、B车、C车
D. A车、C车、B车

提示▶ 依据法规:一是转弯的机动车让直行的车辆先行;二是右转弯的机动车让左转弯的车辆先行。

26 如图所示,图中车辆如何通行符合安全文明行车要求？（　　）

13.× 14.× 15.√ 16.× 17.× 18.× 19.× 20.× 21.× 22.× 23.× 24.× 25.C 26.D

A. 按照B车、C车、A车的顺序通行
B. 按照A车、B车、C车的顺序通行
C. 按照C车、A车、B车的顺序通行
D. 按照C车、B车、A车的顺序通行

提示 一是按照机动车在路口应礼让非机动车的原则，C车应先行；二是机动车之间按照转弯让直行的原则，B车应先行。

27 驾驶机动车在这个路段允许超车。（　　）

提示 图中交通标志显示此路段禁止超车。

28 驾驶机动车在这种道路上超车可借对向车道行驶。（　　）

提示 图中道路中心黄色实线不能跨越，所以不能借对向车道超车。

29 如动画所示，在道路上超车时，应尽量加大横向距离，必要时可越实线超车。（　　）

[动画显示：黄色车辆在行经交叉路口前跨越黄色实线超越蓝色车辆]

提示 车辆行经交叉路口不能超车，更不能跨越实线超车。

30 道路划设专用车道的，在专用车道内，其他机动车可以借道超车。（　　）

提示 借专用车道超车是不允许的。

31 驾驶机动车在这种道路上从前车右侧超越最安全。（　　）

提示 在没有划分车道的道路上必须从左侧超车。

32 机动车在这种情况下可以超车。（　　）

提示 行经隧道不得超车。

33 预计在超车过程中与对面来车有会车可能时，应提前加速超越。（　　）

提示 题中情形，不得超车。

34 机动车通过急转弯路段时，在机动车较少的情况下可以超车。（　　）

提示 车辆行经弯道不得超车。

35 驾驶机动车遇到这种情况怎样礼让？（　　）

A. 迅速加速行驶　　B. 紧跟前车行驶
C. 靠右加速行驶　　D. 靠右减速让行

提示 从图中后视镜中获悉后方有黄色车辆准备超越。

答案　27.× 28.× 29.× 30.× 31.× 32.× 33.× 34.× 35.D

36 驾驶机动车遇到这种情况要主动减速让后车超越。（　　）

提示▶ 图中灰色车辆超车后返回原车道过早，影响到被超车的正常通行。遇这种情况，不能斗气，应以安全为重，减速或靠右停车。

37 可以选择下坡路段超车。（　　）
提示▶ 在下坡路段被超车速度较快，不易超越。

38 如图所示，造成事故的原因是B车掉头行驶，B车负全部责任。（　　）

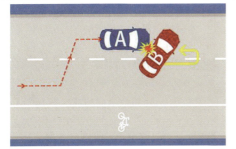

提示▶ 前车正在掉头的，不得超车，所以A车应负全部责任。

39 在道路上超车时，应尽量加大横向距离，必要时可越实线超车。（　　）
提示▶ 道路上实线不能跨越。

40 驾驶机动车超车时，被超越车辆未减速让路，应迅速提速超越前方车辆完成超车。（　　）
提示▶ 题中情形，应停止超车，迅速提速强行超车易引发交通事故。

41 停车后，应先放松行车制动踏板，再拉紧驻车制动器操纵杆，将发动机熄火。（　　）
提示▶ 应先拉紧驻车制动器，再放松制动踏板。

42 在这个区域内可以临时停车。（　　）

提示▶ 图中交通标志和标线均明确显示禁止临时或长时停车。

43 在道路上停车时要尽量避开坡道、积水、结冰或松软路面。（　　）
提示▶ 停在坡道容易导致车辆溜滑，停在积水、结冰或松软路面容易导致起步时车轮打滑。

44 夜间临时停车时，只要有路灯就可以不开危险报警闪光灯。（　　）
提示▶ 路灯起照明作用，危险报警闪光灯起警示作用，提醒过往车辆此处有停车。

45 在立交桥上可以临时停车。（　　）
提示▶ 立交桥上车辆较多，交通情况复杂，不能临时停车。

46 隧道中可以临时停车休息一会儿，避免疲劳驾驶。（　　）
提示▶ 隧道内不得停车。

47 如图所示，只要没有警察在场，就可以在此地点停车。（　　）

提示▶ 在设有禁停标志的路段不得停车。

48 如图所示，D车的停放方式是正确的。（　　）

提示▶ 在停车场应按停车位标线停车，D车停在两个停车位之间，停放方式是错误的。

49 出租车为了方便乘客上下车，可以在交叉路口临时停车。（　　）
提示▶ 交叉路口及其50米以内的路段不得停车。

50 社会车辆可以在出租车停车位临时停车。（　　）
提示▶ 社会车辆不允许在出租车停车位停车，临时停车也不行。

51 驾驶机动车在前方路口掉头前先进入左转直行车道。（　　）

提示▶ 由图可知，在前方路口掉头应先进入左侧的掉头车道，而不是左转直行车道。

52. 驾驶机动车在这个路口允许掉头。（　）

提示 图中交通标志显示禁止左转弯，不允许左转弯就不能掉头。

53. 驾驶机动车在这个路口可以沿掉头车道直接掉头。（　）

提示 图中掉头车道信号灯为红色，所以暂时不能掉头。

54. 在路口掉头时，为了保证通畅，应加速迅速完成掉头。（　）

提示 在路口掉头应提前减速，注意观察，在确认安全的情况下进行调头，加速迅速完成掉头是错误的。

55. 在路口掉头时，可以不避让直行车辆。（　）

提示 掉头必须要转弯，而转弯车辆应让直行车辆。

56. 驾驶机动车掉头时，最高时速不得超过40公里。（　）

提示 题中情形，最高时速不得超过30公里。

57. 在路口掉头时，只要不妨碍行人通行，就可以在人行横道完成掉头。（　）

提示 机动车不得在人行横道掉头。

58. 机动车倒车时，后方道路条件较好的，应加速倒车，迅速完成操作。（　）

提示 倒车时应缓慢行驶，即使后方道路条件较好，也不能加速倒车。

59. 机动车可以选择交叉路口进行倒车。（　）

提示 交叉路口不允许倒车。

60. 夜间驾驶机动车在照明条件良好的路段可以不使用灯光。（　）

提示 路灯照明亮度不足，为确保安全，应开启近光灯。

61. 夜间行车时，全车灯光突然熄灭，应当立即迅速制动，靠边停车。（　）

提示 题中情形，应当缓慢制动停车，否则会因后车无法通过制动灯判断前车制动而导致追尾事故。

62. 驾驶机动车需改变车辆行驶轨迹时，如变更车道、掉头、靠边停车等，在车流量较少的路段，可以不提前开启转向灯提示其他交通参与者。（　）

提示 题中情形，无论车流量多少，都应提前开启转向灯。

63. 驾驶机动车怎样经过公路跨线桥？（　）

A. 加速行驶，尽快通过
B. 车速控制在15公里/小时以内
C. 按照标志限定速度行驶
D. 尽量靠桥中心行驶

提示 跨线桥指跨越铁路线、公路线的桥梁，也就是我们常说的立交桥。

64. 立交桥上一般都是单向行驶，车辆不必减速行驶。（　）

提示 一般立交桥都是弯多、路窄，为确保安全应降低车速。

65. 车辆通过桥梁时，只要空间足够，尽可能超车提高通行效率。（　）

提示 车辆通过桥梁时，一般要减速慢行，尽量不要超车。

66. 驾驶机动车在这种隧道内要尽量靠左侧行驶。（　）

提示 机动车在道路上都要靠右侧行驶，隧道中更是如此，岂能跨越黄实线驶向左侧。

67. 驾驶机动车在隧道行驶时，眼睛的明暗适应过程不会影响行车安全。（　）

提示 驾驶机动车进隧道时，光线变暗，有个暗适应的过程；出隧道时，光线变亮，有个明适应的过程。明暗适应过程直接影响到驾驶人的视觉，所以也就影响到行车安全。

68. 驾驶机动车在隧道内行驶，车辆出现故障时，应该立刻靠边停车，拦截过往车辆，帮助检修。（　）

答案
52.× 53.× 54.× 55.× 56.× 57.× 58.× 59.× 60.× 61.× 62.× 63.C 64.× 65.× 66.× 67.× 68.×

提示 隧道及其50米以内路段不得停车，题中车辆还在行驶，就应该减速慢行，驶离隧道50米后停车检修。

69 驾驶机动车在双向行驶的隧道内行驶，如对向无来车，可借道超车。（　）

提示 隧道内不允许超车。

70 遇到图中这种情况，不用减速靠右行驶。（　）

提示 车辆进入双向行驶隧道，由于隧道口较为狭窄、昏暗，所以驶入隧道时，应减速慢行，靠右行驶，以确保安全。

71 通过仅能单车通行的窄隧道时，如发现对向有来车，要加速通过，避免造成拥堵。（　）

提示 通过仅能单车通行的窄隧道时，应提前减速，开启前照灯，观察有无对向来车，确认安全后方可通过。如果发现对向有来车时，应在隧道口外停车让行，待来车通过后再驶入隧道。题中加速通过隧道的做法是错误的。

72 在双向通行的隧道内会车时要开启远光灯。（　）

提示 题中情形，应开启近光灯。如开启远光灯，会影响对向来车视线，引发事故。

73 机动车遇有急弯路时要在进入弯路后减速。（　）

提示 遇到急弯路应提前减速慢行，等到进入弯路后减速很容易发生侧滑或侧翻。

74 如图所示，驾驶机动车遇到这种情况，可以借对向车道超越前车。（　）

提示 图中道路为弯道，且车道分界线为黄实线，不可借道超车。

75 驾驶机动车在对向没有来车的情况下可以超车。（　）

提示 山区连续急弯路段不能超车。

76 驾驶汽车可以在这种急弯处超车。（　）

提示 图中道路不仅有急弯，而且为视线盲区，如此时超车，一旦出现对面来车，后果不堪设想。

77 驾驶机动车在这种情况下临时停车后，为避免机动车后溜可将转向盘向左转。（　）

提示 这样做有两个好处：一是把转向盘向一侧打死会增大轮胎和地面的摩擦力，使汽车不宜后溜；二是万一汽车后溜，前轮会被路肩阻挡，使汽车不会继续后溜。

78 驾驶机动车在这种情况下要加速冲过坡顶。（　）

提示 图中路段为拱形路（桥），当汽车接近坡顶时，前方为视线盲区，为确保安全，应减速、鸣喇叭，不能加速冲过坡顶。

79 下坡路制动突然失效后，要拉紧驻车制动器操纵杆或越二级挡位减挡。（　）

提示 下坡时，将驻车制动器突然拉死会造成翻车，越二级挡位减挡很难挂入挡位。

80 驾驶机动车下长坡时，利用惯性滑行可以减少燃油消耗，值得提倡。（　）

提示 机动车下陡坡时熄火或者空挡滑行不仅伤车，还影响行车安全。

81 驾驶机动车在这个路口怎样左转弯行驶？（　）

A. 沿直行车道左转　B. 进入左转弯待转区
C. 进入直行等待区　D. 沿左车道左转弯

> 提示 图中路口施画了左转弯待转区,当左转车道为红灯信号、直行车道为绿灯信号时,左转弯的车辆应先进入左转弯待转区,等左转车道变为绿灯信号,再左转弯行驶。

82. 驾驶机动车在交叉路口遇到这种情况可以不让行。（　　）

> 提示 图中考试车辆面对前方绿灯虽然可以直行,但对向左转车辆已驶到路口中央,此时应减速或停车让行,待其通过后再继续行驶。

83. 如动画所示,驾驶人的行为是正确的。（　　）

[动画显示:黄色车辆从路口左转车道向右转弯驶向右侧路口]

> 提示 右转弯应提前进入右转车道。

84. 驾驶机动车通过这个路口要注意观察左侧情况。（　　）

> 提示 图中考试车辆前方路口右侧有车辆驶出,因此应注意观察右侧车辆动态。

85. 驾驶机动车在这个路口右转弯可以不变更车道。（　　）

> 提示 图中车辆处于直行车道,在此右转弯是不对的,应提前在虚线区进入最右侧车道才能右转弯。

86. 驾驶机动车在这个路口可以直接向右转弯。（　　）

> 提示 图中车辆前方路口设有右转弯指示箭头灯,该灯为红色箭头时不能右转弯。

87. 驾驶机动车此时可以加速通过路口。（　　）

> 提示 图中车辆前方路口信号灯为黄色,即将转变为红色,此时应当在停车线前停车,不能加速通过路口。

88. 如图所示,驾驶机动车行驶至此路段时,应当提前减速慢行,注意前方可能出现的行人及车辆。（　　）

> 提示 图中车辆前方路口为视线盲区,按照题中做法是正确的。

89. 如图所示,这种情况下,B车优先通行。（　　）

答案　82.× 83.× 84.√ 85.× 86.× 87.× 88.√ 89.×

提示 ▶ 转弯的机动车让直行的车辆先行。

90 如图所示，驾驶机动车在这种情况下，可以直行也可以右转。（　　）

提示 ▶ 图中交通标线显示，该车道的机动车只能右转，不能直行。

91 驾驶机动车在遇到有前方机动车停车排队等候或者缓慢行驶时，可进入网状线区域停车等候。（　　）

提示 ▶ 网状线区域不允许停车。

92 驾驶机动车进入这个路口怎样使用灯光？（　　）

A. 开启右转向灯　　B. 开启危险报警闪光灯
C. 不用开启转向灯　D. 开启左转向灯

提示 ▶ 进环岛不用开转向灯，出环岛要开启右转向灯。

93 在有两条或两条以上车道的环岛驶出时，应提前开启右转向灯，直接从内侧车道驶出环岛。（　　）

提示 ▶ 题中情形，应先驶入外侧车道，然后驶离环岛，禁止从内侧车道直接右转弯驶出环岛，以免与在外侧机动车道行驶的车辆相撞。

94 车辆行至交叉路口时，左转弯车辆在任何时段都可以进入左转弯待转区。（　　）

提示 ▶ 遇题中情形，只有在左转是红灯，直行是绿灯时，才可以进入左转弯待转区。

95 驾驶机动车怎样安全通过铁路道口？（　　）

A. 换空挡利用惯性通过　B. 进入道口后换低速挡
C. 进入道口前减速减挡　D. 道口内停车左右观察

提示 ▶ 为避免车辆通过道口时出现熄火而造成危险，应在进入道口前减速减挡。

96 造成这起事故的主要原因是行人从车前横穿。（　　）

提示 ▶ 图中行人在人行横道上正常行走，造成这起事故的主要原因是轿车驾驶人通过人行横道时没有仔细观察、减速慢行造成的。

97 驾驶机动车遇到这种情况的人行横道线可以加速通过。（　　）

提示 ▶ 图中车辆前方是人行横道，应减速慢行，不能加速通过。

98 驾驶机动车在人行横道前遇到这种情况一定要减速慢行。（　　）

提示 ▶ 图中人行横道线上有行人正在横穿道路，已临近车前，此时应尽快停车，而不是减速慢行。

99 驾驶机动车在学校附近遇到这种情况要尽快加速通过。（　　）

提示 ▶ 图中车辆前方人行横道旁有学生正准备横穿公路，此时应减速慢行，必要时停车，岂能尽快加速通过。

100 驾驶机动车行经学校门前遇到放学时段，为了保证道路的车流通畅，应勤鸣喇叭督促学生让开主车道。（　　）

提示 ▶ 题中情形应减速慢行，注意观察学生动态，必要时停车让行，勤鸣喇叭督促学生让开主车道的做法是错误的。

101 驾驶机动车在居民小区遇到这种情形要连续鸣喇叭。（ ）

提示 图中有禁止鸣喇叭标志，不能鸣喇叭。

102 驾驶机动车在居民小区遇到这种情形要紧跟其后行驶。（ ）

提示 图中车辆前方是陪着骑车儿童的长辈，为防止儿童骑车突然改变方向而造成危险，要保持一定的安全距离，减速慢行，必要时停车避让。

103 驾驶机动车在小区内遇到这样的情况要在自行车前加速通过。（ ）

提示 图中车辆前方是丁字路口，且横向道路有骑自行车的人穿出。遇到这种情况应减速，让自行车先行，并注意避让。

104 驾驶机动车驶入居民小区时，为了警告出入口处车辆及行人应连续鸣喇叭。（ ）

提示 驾驶机动车驶入居民小区时，应减速慢行，注意安全，尽量不要鸣喇叭。

105 驾驶机动车在这种情况下可以占用公交车站临时停车。（ ）

提示 除公交车外，其他机动车在公交车站30米以内的路段不得停车。

106 如图所示，驾驶机动车在公交车站遇到这种情况要迅速向左变更车道绕行。（ ）

提示 此题主要错在"迅速"二字，迅速变道很不安全。

107 如图所示，在这种情况下可以在公交车站临时停车。（ ）

提示 在任何情况下公交车站都不允许非公交车停车。

108 安全头枕要调整到与颈部平齐的高度。（ ）

提示 安全头枕的高度要调整到"与头部平齐"，而不是"与颈部平齐"。

109 驾驶装有安全气囊的汽车可以不系安全带。（ ）

提示 安全气囊只有在系好安全带后才能充分发挥作用。

110 安装防抱死制动系统（ABS）的机动车制动时，制动距离会大大缩短。（ ）

提示 ABS的主要作用是防止车轮抱死造成侧滑现象，并不能缩短制动距离。

111 驾驶机动车在这种情况下可以适当鸣喇叭加速通过。（ ）

提示 在人行横道上行人有优先通过权，遇到图中情况应减速慢行，必要时停车。

112 如动画所示，驾驶人的行为是否正确？（ ）

答案 101. × 102. × 103. × 104. × 105. × 106. × 107. × 108. × 109. × 110. × 111. × 112. ×

[动画显示：车辆行至交叉路口，有一行人在人行横道横穿道路，当信号灯由红变绿后，车辆从行人后方快速驶过]

提示 动画中情形，车辆应减速或停车让行，而不是从行人后方快速驶过。

113 如图所示，夜间驾驶机动车行经没有行人通过的人行横道时可加速通过。（　　）

提示 机动车行经人行横道时，应当减速行驶。夜间视线不良，行经人行横道时加速通过更是错误的。

114 如图所示，夜间驾驶机动车遇到其他机动车突然驶入本车道，可加速从右侧车道绕行。（　　）

提示 遇到其他机动车突然驶入本车道，应当减速让行，而不是加速绕行，更不应从右侧绕行。

115 如图所示，驾驶机动车遇到前车插入本车道时，可以向右转向，从前车右侧加速超越。（　　）

提示 驾驶机动车遇到前车插入本车道时，应当减速让行，而不是从右侧超越，尤其是在前方路面变窄的情况下，加速超越非常危险。

116 如图所示，驾驶机动车遇到这种情形时，以下做法正确的是什么？（　　）

A. 加速行驶，在对面来车交会前超过行人
B. 减速靠右，等对向车辆通过后，再缓慢超越行人
C. 鸣喇叭提示行人后，保持原速行驶
D. 鸣喇叭提示左侧车辆后，保持原速行驶

提示 图中车辆前方有三个状况：一是对面有来车；二是前方左侧有车辆汇入主路；三是前方右侧有行人。

117 驾驶机动车行驶过程中，如遇到前方车辆行驶速度缓慢时，应持续鸣喇叭催促。（　　）

提示 遇到题中情况，应根据道路及交通情况，选择合适时机超越前车，而不是催促前车。

118 驾驶机动车遇到校车在道路右侧停车上下学生，同向只有三条机动车道时，左侧车道后方机动车应当停车等待。（　　）

提示 《校车安全管理条例》第33条规定：校车在道路上停车上下学生，应当靠道路右侧停靠，开启危险报警闪光灯，打开停车指示标志。校车在同方向只有一条机动车道的道路上停靠时，后方车辆应当停车等待，不得超越。校车在同方向有两条以上机动车道的道路上停靠时，校车停靠车道后方和相邻机动车道上的机动车应当停车等待，其他机动车道上的机动车应当减速通过。校车后方停车等待的机动车不得鸣喇叭或者使用灯光催促校车。

119 驾驶机动车遇到这种情形怎么办？（　　）

A. 迅速从车左侧超越
B. 保持较大跟车距离
C. 连续鸣喇叭告知
D. 迅速从车右侧超越

提示 图中红色车辆行驶路线为曲线，遇到这种情况应当保持较大的距离，以防不策。

120 驾驶机动车遇到这种情况怎么办？（　　）

A. 紧跟前车后方行驶
B. 迅速从车左侧超越
C. 保持较大跟车距离
D. 迅速从车右侧超越

提示 图中前方车辆遮盖布因捆扎不牢飘起，此时要提防车上掉落东西，所以应保持较大跟车距离。

121 驾驶机动车在这种情况下要跟前车进入路口等待。（　　）

提示 图中前方路口出现拥堵，此时虽然是绿灯，车辆也应在路口停车线以外停车等待，而不是进入路口等待。

122 如图所示，机动车A的行为是正确的。（　　）

提示 A车压白色实线变更车道，属于违法行驶。

123 驾驶机动车遇到这种情况要如何行驶？（　　）

A. 低速缓慢通过　　B. 加速通过
C. 连续鸣喇叭通过　D. 保持正常车速通过

提示 图中道路有积水，遇到这样的情况要低速慢行，以免水花溅到路边行人。

124 行车中对出现这种行为的人不能礼让。（　　）

提示 图中行人跨越道路隔离护栏横穿公路，是一种非常危险的不文明行为，但从安全考虑，还是要予以让行。

125 驾驶机动车遇到这种情况时，要快速向左绕过。（　　）

提示 图中车辆前方有一群儿童正在道路上玩球，此时如跨越道路中心的黄色实线快速向左绕过，是一种即违法又不安全的危险行为。

126 驾驶机动车遇到这种情况的行人可连续鸣喇叭催其让道。（　　）

提示 图中车辆前方有一老人，此时连续鸣喇叭催其让道是一种非常不文明的行为。

127 如图所示，驾驶机动车遇到这种情况时，应鸣喇叭提醒行人注意避让，加速通过。（　　）

提示 图中人行道有障碍无法正常通行，机动车应减速避让借用行车道通行的行人。鸣喇叭提醒行人注意避让，加速通过是错误的。

128 驾驶汽车遇到牲畜横穿抢道的情况，要及时鸣喇叭进行驱赶。（　　）

提示 遇到牲畜横穿抢道应及时避让，不能鸣喇叭驱赶，以防牲畜受惊。

129 驾驶机动车在这种情况下要尽快加速通过。（　　）

答案　121. × 　122. × 　123. A 　124. × 　125. × 　126. × 　127. × 　128. × 　129. ×

路面有积水

提示 图中道路有积水，如果加速通过，水花会溅到路边骑车人。

130 驾驶机动车遇到骑自行车人占道影响通行时，可连续鸣喇叭加速从其左侧绕行。（　　）

提示 题中连续鸣喇叭催促不礼貌，加速绕行不安全。

131 如图所示，A 车在这样的路口可以借用非机动车道右转弯。（　　）

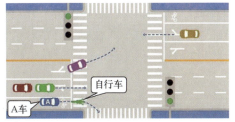

提示 机动车不应驶入非机动车道，尤其是图中非机动车道有非机动车时更应如此。

132 如图所示，驾驶机动车遇到这种情形时，可以从左侧超越。（　　）

提示 左侧是黄色实线，不能压此线超越。

133 如图所示，A 车正确的做法是什么？（　　）

A. 鸣喇叭从左侧超越自行车
B. 减速待自行车通过后再从 B 车左侧超越
C. 停车等待 B 车驶离后，在原车道行驶

D. 借用对向车道加速通过

提示 图中 B 车因故障停在道路上，其后方二辆自行车准备超越 B 车，A 车遇到此种情形，正确的做法是减速待自行车通过后再从 B 车左侧超越。

134 驾驶人在确认后方无来车的情况下，可以不开转向灯变更车道。（　　）

提示 即使确认后方无来车，变更车道也应提前开启转向灯，养成良好的开车习惯，防患于未然。

135 机动车行驶中遇有自行车借道通行时，可急促鸣喇叭示意让道。（　　）

提示 题中已明确自行车是借道通行，而不是占道通行。也就是说自行车借道是不得已而为之，所以应予以让行。另外，即使鸣喇叭也要"轻按"，不应该急促鸣喇叭。

136 在正常行车中，尽量靠近中心线或压线行驶，不给对向机动车留有侵占行驶路线的机会。（　　）

提示 首先，压线行驶是不对的；其次，行车中应相互礼让，才能营造和谐的交通环境。所以，尽量靠近中心线或压线行驶是不可取的。

137 驾驶机动车应尽量骑轧可跨越车道分界线行驶，便于根据前方道路情况选择车道。（　　）

提示 可跨越车道分界线也不能长时间骑轧，尤其是在高速公路上，骑轧车行道分界线行驶是违法的。

138 驾驶人一边驾车，一边吸烟对安全行车无影响。（　　）

提示 一边驾车，一边吸烟对安全行车有影响。据统计，吸烟的驾驶人发生车祸的可能性比不吸烟的驾驶人高出 1.5 倍。

139 驾驶人行车中前方遇自行车影响通行时，可鸣笛提示，加速绕行。（　　）

提示 鸣笛提示是正确的，但加速绕行容易发生交通事故。

140 驾驶机动车遇紧急事务，可以边开车边接打电话。（　　）

提示 驾驶机动车不得拨打接听手持电话。

141 机动车在环形路口内行驶，遇有其他车辆强行驶入时，只要有优先权就可以不避让。（　　）

提示 安全第一，礼让三先，做到既"得理"又"饶人"。

142 车辆在交叉路口绿灯亮后，遇非机动车抢道行驶时，可以不让行。（　　）

提示 遇到弱势群体（非机动车、行人等）都要让行。

143 当行人出现交通安全违法行为时，车辆可以不给行人让行。（　　）

130.× 131.× 132.× 133.B 134.× 135.× 136.× 137.× 138.× 139.× 140.× 141.× 142.× 143.×

答案

提示 即使行人出现交通安全违法行为，车辆也应给行人让行。

144 在铁路道口遇到两个红灯交替闪烁时要加速通过。（ ）

提示 遇到图中情形，表示火车就要经过，车辆应在停止线前停车等待。

145 右侧标志警示前方道路有连续三个或三个以上的弯路。（ ）

提示 右侧标志警示前方为反向弯路。

146 右侧标志警告前方道路是向左连续弯路。（ ）

提示 右侧标志警告前方是向左急弯路。

147 右侧标志警告前方是向右反向弯路。（ ）

提示 右侧标志警告前方是连续弯路。

148 右侧标志警告前方是连续下坡路段。（ ）

提示 右侧标志警告前方是下陡坡路段。

149 右侧标志警告前方是下陡坡路段。（ ）

提示 右侧标志警告前方是连续下坡路段。

150 右侧标志警告前方道路右侧变宽。（ ）

提示 右侧标志警告前方道路右侧变窄。

151 右侧标志警告前方道路左侧变宽。（ ）

提示 右侧标志警告前方道路左侧变窄。

152 右侧标志警告前方进入两侧变窄路段。（ ）

提示 右侧标志警告前方道路是窄桥。

153 右侧标志警告前方路段要注意儿童。（ ）

提示 右侧标志警告前方路段要注意行人。

154 右侧标志提醒前方是野生动物保护区。（ ）

提示 右侧标志提醒前方经常有牲畜横穿、出入。

155 右侧标志提醒前方经常有牲畜横穿、出入。（ ）

答案 144.× 145.× 146.× 147.× 148.× 149.× 150.× 151.× 152.× 153.× 154.× 155.×

科目四 033

提示 右侧标志提醒前方是野生动物保护区。

156 右侧标志提醒前方是左侧傍山险路。（ ）

提示 右侧标志提醒前方是右侧有落石危险的傍山路段。

157 右侧这个标志提示前方是连续急转弯道路。（ ）

提示 右侧标志提示前方是易滑路段。

158 右侧这个标志提醒前方是单向行驶隧道。（ ）

提示 右侧标志提醒前方是隧道，法规中没有"单向行驶隧道"的标志。

159 右侧标志提醒前方路面高突。（ ）

提示 右侧标志提醒前方是驼峰桥。

160 右侧标志提醒注前方是驼峰桥。（ ）

提示 右侧标志提醒前方道路路面高突。

161 右侧这个标志警告前方是无人看守的有多股铁路与道路相交铁道口。（ ）

提示 右侧标志警告前方是有人看守铁道路口。

162 右侧这个标志警告前方是有人看守铁路道口。（ ）

提示 右侧标志警告前方是无人看守铁道路口。

163 右侧标志警告距前方有人看守铁路道口100米。（ ）

提示 记住："火车头"表示无人看守，"铁道"表示有人看守，"一条斜杠"表示50米，"二条斜杠"表示100米，"三条斜杠"表示150米。

164 右侧标志提醒前方是非机动车道。（ ）

提示 图中标志提醒注意非机动车。

165 右侧标志提醒前方路段注意保持车距。（ ）

提示 图中标志提醒前方为事故易发路段。

166 图中标志提醒障碍物在路中，车辆从右侧绕行。（ ）

答案

156.× 157.× 158.× 159.× 160.× 161.× 162.× 163.× 164.× 165.× 166.×

提示 图中标志提醒车辆从左侧绕行。

167 图中标志提醒障碍物在路中，车辆从左侧绕行。
（　　）

提示 图中标志提醒车辆从右侧绕行。

168 右侧标志提醒前方路段有塌方禁止通行。（　　）

提示 图中标志提醒前方路段有塌方，注意危险。

169 右侧这个标志警告进入隧道减速慢行。（　　）

提示 右侧标志用以警告驾驶人车辆进入隧道，注意打开车灯。

170 右侧标志表示前方路段会车时停车让对方车先行。
（　　）

提示 左侧标志的含义是禁止通行，表示禁止一切车辆和行人通行。

172 右侧标志表示前方路段允许超车。（　　）

提示 右侧标志表示前方路段禁止超车。

173 这个标志表示前方路段不允许超车。（　　）

提示 图中标志表示禁止超车路段结束。

174 右侧标志表示临时停车不受限制。（　　）

提示 右侧标志的含义是禁止停车，表示在限定的范围内，禁止一切车辆临时或长时停放。

175 右侧标志表示不允许长时鸣喇叭。（　　）

提示 右侧标志表示禁止鸣喇叭。

176 右侧标志表示前方路段解除时速40公里限制。
（　　）

提示 右侧标志表示前方路段会车时应"减速"让对方车先行。

171 左侧标志表示前方路段允许进入。（　　）

167.× 168.× 169.✓ 170.× 171.× 172.× 173.✓ 174.× 175.× 176.×

提示 ▶ 右侧标志表示前方路段行驶时速不得超过40公里。

177 驾驶机动车看到这个标志时，将车速迅速提高到40公里/小时以上。　　　　　　（　）

提示 ▶ 图中标志为限速标志，表示车速应限制在40公里/小时以下。

178 这个标志表示前方立体交叉处可以直行和右转弯。　　　　　　　　　　　　（　）

提示 ▶ 图中标志表示前方立体交叉处可以直行和左转弯。

179 右侧标志表示注意避让直行方向来的机动车。　　　　　　　　　　　　　　（　）

提示 ▶ 右侧标志表示只准一切车辆直行。

180 右侧标志表示此处不准鸣喇叭。　（　）

提示 ▶ 右侧标志表示此处要鸣喇叭。

181 右侧标志表示鸣喇叭提醒。　　　（　）

提示 ▶ 右侧标志用以提示驾驶人前方是人行横道，应注意行人。

182 右侧标志表示最高车速不准超过每小时50公里。　　　　　　　　　　　　　（　）

提示 ▶ 图中标志表示最低车速不能低于每小时50公里。

183 右侧标志表示会车时对向车辆先行。（　）

提示 ▶ 右侧标志表示会车时享有优先通行权利。

184 红色圆圈内标志表示左侧道路只供小型车行驶。　　　　　　　　　　　　　（　）

提示 ▶ 红色圆圈内标志表示所有机动车都可以在左侧道路行驶。

185 按照下图红框内的标志，机动车应当在B区域内行驶。　　　　　　　　　　　（　）

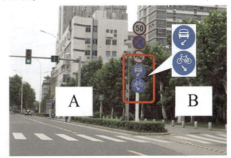

提示 ▶ 图中红框内标志表示A区域是机动车道，B区域是非机动车道，机动车应当在A区域内行驶。

186 前方标志表示除大客车以外的其他车辆不准进入右侧车道行驶。　　　　　　　　（　）

答案：177.× 178.× 179.× 180.× 181.× 182.× 183.× 184.× 185.× 186.×

提示▶ 前方标志表示除公交车以外的其他车辆不准进入右侧车道行驶。

187 前方标志告知前方道路各行其道的信息。（　）

提示▶ 前方标志告知交叉路口通往方向等信息。

188 右侧标志指示前方是T形路口。（　）

提示▶ 右侧标志指示前方道路无出口，不能通行。

189 这个标志表示前方车道数量增加。（　）

提示▶ 图中标志表示前方车道数变少。

190 右侧标志表示前方是分流路口。（　）

提示▶ 右侧标志表示前方车道数增加。

191 这个标志提示该路段已实行交通监控。（　）

提示▶ 图中标志的含义是"交通监控设备"，用以提示该路段已实行交通监控。

192 右侧标志警示前方道路两侧不能通行。（　）

提示▶ 右侧标志指示前方道路从两侧通行。

193 左侧标志警示前方道路右侧不能通行。（　）

提示▶ 前方标志指示前方道路从右侧通行。

194 前方标志预告高速公路入口在路右侧。（　）

提示▶ 图中标志是预告高速公路入口。

195 前方标志预告高速公路终点距离信息。（　）

提示▶ 图中标志是预告高速公路前方所要经过的重要的地点、道路的名称和距离。

196 前方标志预告距离下一左侧出口1公里。（　）

提示▶ 前方标志预告距离下一右侧出口还有1公里。

197 右侧标志指示前方是高速公路的终点。（　）

提示▶ 图中标志指示前方是高速公路的起点。

198 这个标志指示高速公路交通广播和无线电视频道。（　）

答案 187.× 188.× 189.× 190.√ 191.√ 192.× 193.× 194.√ 195.× 196.× 197.× 198.×

提示 图中标志用以指示高速公路交通信息广播的频率。

199 右侧标志提示距离设有电子不停车收费车道的收费站1公里。（　　）

提示 图中标志提示距离不设电子不停车收费车道的收费站1公里。

200 右侧标志指示高速公路紧急电话的位置。（　　）

提示 右侧标志指示的是高速公路救援电话的号码。

201 前方标志指示路右侧是高速公路临时停车处。（　　）

提示 前方标志用以指示紧急停车的位置。

202 路中黄色虚线指示任何情况都不允许越线绕行。（　　）

提示 路中黄色虚线为可跨越对向车行道分界线，在保证安全的情况下可以越线绕行。

203 路中两条双黄虚线表示禁止轧线或越线。（　　）

提示 路中两条双黄虚线是潮汐车道线，行车时允许轧线或越线。

204 道路右侧白色实线表示机动车道与人行道的分界线。（　　）

提示 道路右侧白色实线标示机动车道与非机动车道的分界线。

205 路面白色虚实线指示变道或靠边停车时允许跨越。（　　）

提示 路面白色虚实线用以指示车辆可临时跨线行驶的车行道边缘，虚线侧允许车辆跨越，实线侧禁止车辆跨越。

206 如下图，左转弯车辆可直接进入左转弯待转区，等待放行信号。（　　）

提示 当直行为绿灯，左转为红灯时，左转弯的车辆才能进入左转弯待转区。

207 路面可变导向车道线指示可以随意选择通行方向。（　　）

提示 路面可变导向车道用以指示导向方向随需要可变的导向车道的位置。这种车道没有直

199.× 200.× 201.× 202.× 203.× 204.× 205.√ 206.× 207.×

行、转弯标线，但并非可以随意选择通行方向，而是要根据信号灯选择通行方向，如果直行的灯亮就直行，左转的灯亮就左转，右转的灯亮就右转。

208 高速公路上的白色折线为行车中判断行车速度提供参考。（　　）

> 提示 白色折线为车距确认线，作为车辆驾驶人保持行车安全距离的参考。

209 允许沿着图中箭头方向驶入高速公路行车道。（　　）

> 提示 道路左边的白色实线不能跨越，车辆应先驶入加速车道，然后再驶入高速公路行车道。

210 路右侧黄色矩形标线框内表示允许临时停车。（　　）

> 提示 路右侧黄色矩形标线框是用以指示公交车停靠站的位置，除公交车外，其他车辆不能驶入。

211 路右侧白色矩形虚线框内表示允许长时间停车。（　　）

> 提示 记住：虚线是短时间停车，实线才是长时间停车。

212 该车道路面导向箭头指示在前方路口仅可直行。（　　）

> 提示 该车道路面导向箭头指示直行或左转弯，所以前方道路不仅可直行，还可左转弯。

213 该车道路面导向箭头指示前方路口仅可左转弯。（　　）

> 提示 该车道路面导向箭头指示掉头，所以前方道路仅可掉头，不可左转弯。

214 该车道路面导向箭头指示前方路口仅能掉头。（　　）

> 提示 该车道路面导向箭头指示掉头或直行，所以前方道路不仅可掉头，还可直行。

215 该车道路面导向箭头提示前方道路右侧有路口。（　　）

> 提示 图中导向箭头表示前方道路有右弯。

216 路面标记指示这段道路上最高限速为80公里/小时。（　　）

> 提示 路面数字为白色，表示最低限速；路面数字为黄色，表示最高限速。

217 右侧路面标记表示可以暂时借用超车。（　　）

答案 208.× 209.× 210.× 211.× 212.× 213.× 214.× 215.× 216.× 217.×

提示▶图中右侧标线为实线,不能跨越,而且右侧是非机动车道,不能驶入。

218 路面同向车行道分界线指示允许跨越变换车道。（　　）

提示▶图中路面同向车行道分界线为实线,是不能跨越的,所以不允许跨越变换车道。

219 遇到这种情况的骑车人可以借对向车道超越。（　　）

提示▶路面中心黄色实线不能跨越,所以不能借用对向车道超越。

220 路中心黄色实虚线指示允许超车时越过。（　　）

提示▶图中路中心黄色实虚线用以分隔对向行驶的交通流。实线侧禁止车辆越线,虚线侧允许车辆临时越线。

221 路中心黄色双实线指示可以暂时跨越超车。（　　）

提示▶路中心黄色双实线是严格禁止车辆跨越的,所以不能暂时跨越超车。

222 路缘石上的黄色虚线指示路边不允许停车上下人员或装卸货物。（　　）

提示▶路缘石上的黄色虚线表示禁止长时间停车,黄色实线表示禁止停车。

223 前方路口停车让行线表示减速让干道车先行。（　　）

提示▶前方路口停车让行线表示停车让干道车先行。

224 前方路口减速让行线表示要停车让干道车先行。（　　）

提示▶前方路口减速让行线表示减速让干道车先行。

225 路面网状线标示允许进入该区域内等待。（　　）

提示▶路面网状线用以标示禁止以任何原因停车的区域。

226 路面标记指示前方路口仅允许车辆向右转弯。（　　）

227 看到这种手势信号时怎样行驶?（　　）

答案

218.× 219.× 220.× 221.× 222.× 223.× 224.× 225.× 226.× 227.B

A. 直行通过路口　　B. 停车等待
C. 在路口向右转弯　D. 在路口向左转弯

提示 图中交警指挥手势是示意车辆左转弯，但目视图中右方，表示在指挥右方车辆左转弯。交警右手掌心对着图中车辆，示意该车停车等待。

228 看到这种手势信号时怎样行驶？（　）

A. 直行通过路口　　B. 靠路边停车
C. 进入左弯待转区　D. 在路口向右转弯

提示 图中交警手势是右转弯信号，且交警目视图中车辆，看到这种手势信号时应在路口向右转弯。

229 交通警察发出的是右转弯手势信号。（　）

提示 交警指挥手势是示意车辆直行，但目视图中右方，表示在指挥左右方向的车辆直行，图中车辆应停车等待，而不是"右转弯"。

230 交通警察发出这种手势可以向左转弯。（　）

提示 交警指挥手势是示意车辆左转弯，但目视图中右方，表示在指挥右方车辆左转弯。交警右手掌心对着图中车辆，示意该车停车等待，所以该车不能向左转弯。

231 交通警察发出这种手势信号可以直行通过。（　）

提示 交警目视图中右方，表示在指挥右方车辆。交警右手掌心对着图中车辆，示意该车停车等待，所以此时不能直行通过。

232 交通警察发出这种手势信号可以左转弯。（　）

提示 交警指挥手势是左转弯待转信号，但目视图中右方，表示在指挥右方车辆进入左转弯待转区。图中车辆应停车等待，所以该车不能向左转弯。

233 交通警察发出这种手势信号时可以直行通过。（　）

提示 交警指挥手势是示意车辆右转弯，但目视图中左方，表示在指挥左方车辆右转弯。交警左手掌心对着图中车辆，示意该车停车等待，所以不能直行通过。

234 最容易发生侧滑的路面是：（　）
A. 干燥水泥路面　　B. 下雨开始时的路面
C. 潮湿水泥路面　　D. 大雨中的路面

提示 选项中 BCD 都容易导致侧滑，请注意本题问的是最容易发生侧滑的路面。相比之下，下雨开始时的路面最容易发生侧滑。因为刚下雨时，路面上的灰尘等遇雨水后，像在路面洒了一层薄薄的"润滑剂"，所以最容易发生侧滑。潮湿和大雨中的路面，相当于"润滑剂"已被稀释，甚至被雨水完全冲洗干净，所以侧滑减轻。

235 驾驶机动车在雨天临时停车注意什么？（　）
A. 开启危险报警闪光灯
B. 开启前后雾灯
C. 开启近光灯
D. 在车后设置警告标志

提示 下雨天能见度降低，在道路上临时停车不易被其他车辆发现，开启危险报警闪光灯，以提醒其他车辆注意。其余三个选项，没有警示作用。

236 当机动车在湿滑路面上行驶时，路面附着力随着车速的增加如何变化？（　）

228.D 229.× 230.× 231.× 232.× 233.× 234.B 235.A 236.C

A. 急剧增大　　　　B. 逐渐增大
C. 急剧减小　　　　D. 没有变化

提示 在湿滑路面上，轮胎与路面间形成一层水膜，随着车速的增加，使轮胎与路面的附着力急剧减小，使车轮上浮，非常危险。

237 雨天超车要开启前照灯，连续鸣喇叭迅速超越。（　　）

提示 雨天能见度低，道路湿滑，应减速慢行，尽量不要超车。即使需要超车，开启前照灯和连续鸣喇叭的做法也是不对的，尤其是迅速超越更是错误的。

238 如图所示，驾驶机动车在雨天行经交叉口时必须鸣喇叭，并加速通过，以免造成交通混乱。（　　）

提示 因为雨天视线受阻，道路湿滑，制动距离延长，所以雨天行经交叉口不能加速通过，应减速慢行。

239 如图所示，驾驶机动车在这种情况下，由于前车相隔较远，可先观察情况后，临近再做调整。（　　）

提示 雨天道路湿滑，制动距离延长，行车中应注意观察，提前处理情况。

240 雨天跟车行驶应开启远光灯。（　　）

提示 雨天跟车行驶应使用近光灯，若使用远光灯，会干扰前车视线。

241 大雨过后的路面比刚开始下雨时的路面更容易打滑。（　　）

提示 刚下雨的路面，路面粉尘混合雨水造成泥巴路，容易打滑。大雨过后，雨水把粉尘冲走了，打滑会相对减轻。

242 在冰雪路面上减速或停车，要怎样降低车速？

A. 充分利用行车制动器

B. 充分利用发动机的牵制作用
C. 充分利用驻车制动器
D. 充分利用缓速器

提示 缓速器是大型车辆（卡车、客车）的辅助制动装置，汽车下长坡时，启用缓速器，可以平稳减速，避免使用行车制动而造成的制动器磨损和发热。

243 雪天行车中，在有车辙的路段要循车辙行驶。（　　）

提示 雪天行车循车辙行驶有两点好处：一是无车辙的路面积雪较深，行驶阻力较大；二是雪天道路被大雪覆盖，循车辙行驶可避免车辆驶出路外，造成危险。

244 冰雪路面处理情况不能使用紧急制动，但可采取急转向的方法躲避。（　　）

提示 冰雪路面急转向很容易引起侧滑。

245 在雪天临时停车要开启前照灯和雾灯。（　　）

提示 在雪天临时停车应当开启危险报警闪光灯，用以提醒其他车辆注意。

246 驾驶机动车在冰雪道路低速会车可减小横向间距。（　　）

提示 冰雪路面易滑，会车时应增大横向间距。

247 雪天行车，车轮的附着力大大减小，跟车距离不是主要的，只需要保持低速行驶便可以防止事故发生。（　　）

提示 冰雪道路行车，制动距离增大，为防止追尾，应加大跟车距离。

248 在冰雪路面制动时，发现车辆偏离方向，以下做法正确的是？（　　）

A. 连续轻踩轻放刹车
B. 用力踩刹车
C. 停止踩刹车
D. 以上做法都不对

提示 题中情形，如果踩下制动踏板（即踩刹车），很容易导致车辆侧滑或侧翻。正确做法是先握紧转向盘，不要急踩刹车。

249 驾驶机动车在雾天怎样跟车行驶？（　　）

A. 保持大间距　　　B. 开启远光灯
C. 开启近光灯　　　D. 适时鸣喇叭

提示 本题考的是跟车注意事项，与跟车有关的最先想到就是跟车距离。

250 驾驶机动车在雾天行车可以不开启雾灯。（　　）

提示 机动车雾天行驶应当开启雾灯和危险报警闪光灯。

251 大雾天气能见度低，开启远光灯会提高能见度。（　　）

237.× 238.× 239.× 240.× 241.√ 242.B 243.√ 244.× 245.× 246.× 247.× 248.C 249.A 250.× 251.×

提示 ▶ 大雾天气应开启雾灯提高能见度。

252 驾驶机动车在大雾天临时停车后，只开启雾灯和近光灯。（　　）

提示 ▶ 大雾天临时停车应开启危险报警闪光灯、示廓灯和后位灯。

253 如图所示，雾天驾驶机动车行驶，旁边车道无车时，可变更车道，快速超越前车。（　　）

提示 ▶ 雾天视线模糊，快速变更车道超车容易引发事故。

254 如图所示，在这种雾天情况下，通过交叉路口时必须鸣喇叭，加速通过，以免造成交通拥堵。（　　）

提示 ▶ 雾天通过交叉路口，必须鸣喇叭，但加速通过是错误的。

255 驾驶机动车遇浓雾或沙尘暴时，行驶速度不要过慢，避免后方来车追尾。（　　）

提示 ▶ 行驶中遇浓雾或沙尘暴时，因能见度低，要减速慢行，甚至靠边停车，以保证行车安全。

256 浓雾中行车听到对方车辆鸣喇叭时，只要视野中看不到，可不必理会。（　　）

提示 ▶ 雾天行车听到对方鸣喇叭，也应该鸣喇叭回应，以提示对方车辆。

257 在大风天气条件下驾驶机动车，突然感觉到转向盘难以控制时，要逆风方向转动转向盘。（　　）

提示 ▶ 遇题中情形，应双手稳握转向盘。

258 大风天气行车中，如果遇到狂风袭来，感觉汽车产生横向偏移时，要急转方向以恢复行驶方向。（　　）

提示 ▶ 题中"狂风使汽车产生横向偏移"，说明汽车遇到的是横风（即侧向风），此时应稳握转向盘，迅速抬起加速踏板使汽车减速。题中"急转方向"，会使汽车发生横向滑移，甚至导致事故。

259 车辆行至隧道出口遭遇横风时，应当立即紧急制动停车，避免因横风导致车辆跑偏。（　　）

提示 ▶ 题中情形，如立即紧急制动停车，汽车很可能发生侧翻或者侧滑。

260 夜间驾驶汽车在急弯道超车时要不断变换远、近光灯。（　　）

提示 ▶ 急弯道禁止超车。

261 夜间驾驶汽车在急弯道停车时要开启危险报警闪光灯。（　　）

提示 ▶ 急弯道禁止停车。

262 夜间会车前，要先与对面来车交替变换远、近光灯观察前方道路情况，会车时两车都要关闭前大灯。（　　）

提示 ▶ 夜间会车应当在距相对方向来车150米以外改用近光灯，题中做法错误。

263 夜间在照明良好的路段，驾驶人可以借助环境照明行车，可以不使用灯光。（　　）

提示 ▶ 夜间即使照明良好，也不能完成保证安全行驶的需要，应开启近光灯提高照明强度。

264 驾驶机动车在这种山区弯道怎样转弯最安全？（　　）

A. 靠弯道外侧行驶
B. 减速、鸣喇叭、靠右行
C. 借用对向车道行驶
D. 靠道路中心行驶

提示 ▶ 弯道行驶记住——减速、鸣喇叭、靠右行。

265 因故障在山区上坡路段长时间停车时，要用这种办法塞住车轮。（　　）

提示 ▶ 三角块应塞在车轮后面。

266 驾驶机动车通过这段山区道路要靠路中心行驶。（　　）

提示 图中右侧交通标志显示前方为连续弯路，汽车在这种路段应靠右侧行驶，以免前方弯道突然出现来车，导致碰撞事故。

267 驾驶机动车通过这种傍山险路要靠左侧行驶。（　）

提示 图中右侧交通标志显示前方为向右急弯路，且为视线盲区，汽车通过这种路段一定要减速、鸣喇叭、靠右行。

268 驾驶机动车在山区道路遇到这种情况要加速超越前车。（　）

提示 图中显示前方为山区弯道，道路较窄，前车体积较大且有扬尘，遇到这种情况绝对不能超车。

269 在山区道路跟车应加大安全距离，如需要超车应快速超越。（　）

提示 题中情形，加大安全距离是正确的，但快速超车是错误的。

270 驾驶机动车在山区道路应紧跟前车之后行驶。（　）

提示 山区道路坡陡、弯急、突发状况多，跟车行驶时应保持足够的安全距离。

271 在山区道路超车时，应选择宽阔的缓下坡路段超越？

提示 在下坡路段，被超车速度较快，不易超越，应选择宽阔的平路或缓上坡路段超越。

272 在泥泞路段遇车后轮向右侧滑时如何处置？（　）

A. 继续加速　　　B. 向右转向

C. 向左转向　　　D. 紧急制动

提示 汽车在泥泞路段发生侧滑，首先要判断是前轮侧滑，还是后轮侧滑。如是前轮侧滑，车辆有自行停止侧滑的作用；如是后轮侧滑，车尾向一边甩（俗称"甩尾"），应放松加速踏板，转向盘向车尾甩动的方向转动，这样可以控制车体的运动方向，防止侧滑继续下去，待修正好行驶方向后，再逐渐驶入正道。

273 机动车在泥泞路段后轮发生侧滑时，要将转向盘向侧滑的相反方向缓转修正。（　）

提示 题中情形，转向盘应向侧滑的方向缓转修正，而不是"侧滑的相反方向"。

274 在泥泞路段行车要牢牢握住转向盘加速通过。（　）

提示 题中情形应缓慢通过，而不是"加速通过"。

275 涉水行车中，要目视水流作为固定目标。（　）

提示 涉水行车中，应目视远处固定目标，别看水流，以防因视觉上判断错误而导致行驶方向偏移。

276 机动车涉水后，制动器的制动效果不会改变。（　）

提示 机动车涉水后，制动器的摩擦片与制动盘/鼓之间有水，导致制动效果降低。

277 漫水道路行车时，要挂高速挡，快速通过。（　）

提示 题中情形，应挂低速挡、慢速通过。

278 机动车在高速公路行驶，以下哪种说法是正确的？（　）

A. 可在应急车道停车上下人员
B. 可在紧急停车带停车装卸货物
C. 可在减速或加速车道上超车、停车
D. 非紧急情况时不得在应急车道行驶或者停车

提示 机动车在高速公路上行驶，不得有下列行为：①倒车、逆行、穿越中央分隔带掉头或者在车道内停车；②在匝道、加速车道或者减速车道上超车；③骑轧车行道分界线或者在路肩上行驶；④非紧急情况时在应急车道行驶或者停车；⑤试车或者学习驾驶机动车。

279 发生紧急故障必须停车检查时，要在什么地方停车？（　）

A. 最外侧行车道上　　B. 内侧行车道上
C. 应急车道　　　　　D. 匝道口

提示 应急车道是高速公路最右侧的车道，其作

答案 267.× 268.× 269.× 270.× 271.× 272.B 273.× 274.× 275.× 276.× 277.× 278.D 279.C

用：一是用于日常通行车辆遇到紧急情况临时停放、等待救援或通行；二是遇有交通事故等突发事件造成交通中断，用于救援指挥等车辆赶赴现场。

280 机动车在高速公路上发生故障或者交通事故，无法正常行驶的，可由同行机动车拖曳、牵引。（　　）

提示 题中情形，应当由救援车、清障车拖曳、牵引。

281 行驶在高速公路上遇大雾视线受阻时，要立即紧急制动停车。（　　）

提示 汽车高速行驶时不能立即紧急制动停车，否则很容易造成侧滑和追尾等事故。

282 机动车在高速公路上行车，如果因疏忽驶过出口，可沿路肩倒车退回出口处。（　　）

提示 高速公路上不允许倒车，如因疏忽驶过出口，应到下一个出口驶离高速公路。

283 驾驶机动车遇到这种情况可迅速从前车左侧超越。（　　）

提示 图中车辆在匝道上，即将进入加速车道，由于匝道和加速车道都不允许超车。

284 如动画所示，机动车在高速公路上行车，A车驾驶行为是否正确？（　　）

[动画显示：A车（黄色车辆）在高速公路上频繁变更车道超越其他车辆]

提示 在高速公路上不能频繁变更车道超车。

285 如动画所示，高速公路因发生事故造成堵塞时，A车驾驶行为是否正确？（　　）

[动画显示：高速公路因发生事故造成堵塞，A车（黄色车辆）驶入应急车道]

提示 非紧急特殊情况不能驶入应急车道。

286 驾驶机动车从加速车道汇入行车道有困难时可停车让行。（　　）

提示 机动车在加速车道是不准停车的，即使汇入行车道有困难，也不能停车让行。正确的做法应该是在汇入行车道有困难时减速让行。

287 驾驶机动车进入高速公路加速车道后再开启左转向灯。（　　）

提示 题中情形，驶入加速车道前就应开启左转向灯。

288 机动车在高速公路匝道提速到每小时60公里以上时，可直接驶入行车道。（　　）

提示 高速公路匝道多为弯道，最高限速在60公里/小时以下，因此不能在匝道提速。

289 在高速公路上，遇尾随较近行驶的机动车时，可以选择时机迅速从中间插入。（　　）

提示 题中情形，属强行并线，非常危险。

290 遇高速公路限速标志标明的车速与车道行驶车速的规定不一致的，应按照车道行驶规定的车速行驶。（　　）

提示 题中情形，应按照道路限速标志标明的车速行驶。

291 驾驶机动车驶入高速公路加速车道后，应迅速将车速提高到每小时100公里以上。（　　）

提示 题中情形，应迅速将车速提高到每小时60公里以上。

答案 280.× 281.× 282.× 283.× 284.× 285.× 286.× 287.× 288.× 289.× 290.× 291.×

292 驾驶机动车在高速公路加速车道提速到每小时60公里以上时，可直接驶入行车道。（　）

提示 ▶ 不可直接驶入行车道，要观察行车道交通情况，确认安全后，再驶入行车道。

293 驾驶机动车在高速公路匝道上行驶，前方车辆速度过慢，可以超车。（　）

提示 ▶ 在高速公路匝道上不允许超车。

294 驾驶机动车在高速公路上驶出匝道时，只要后方无来车，或者来车相距较远，可以不经过加速车道，直接驶入行车道。（　）

提示 ▶ 车辆进入高速公路必须经过加速车道加速后才能驶入行车道。

295 驾驶机动车在高速公路减速车道上行驶时，如遇前方有低速行驶的车辆，应伺机超车，以防止交通堵塞。（　）

提示 ▶ 在高速公路减速车道上不允许超车。

296 驾驶机动车在高速公路匝道上行驶，当有人给您打电话的时候，可以靠边停车，接打电话。（　）

提示 ▶ 在高速公路上（包括匝道）不允许停车。

297 驾驶机动车驶离高速公路时，若车辆制动性能良好，可直接驶入匝道。（　）

提示 ▶ 车辆在高速公路行驶时车速较快，而匝道大多为弯道，所以车辆驶离高速公路必须经减速车道减速后才能驶入匝道，否则，很容易造成侧翻事故。

298 如图所示，该货运车辆驶出高速公路的方法是正确的。（　）

提示 ▶ 图中的货车不应直接从行车道压白色实线进入匝道。

299 驾驶机动车在高速公路上行驶，能见度小于50米时，只要车速不超过20公里/小时，可以不驶离高速公路。（　）

提示 ▶ 题中情形，应从最近的出口尽快驶离高速公路。

300 驾驶机动车在高速公路上行驶，车速超过100公里/小时，只要与同车道前车保持80米的距离即可。（　）

提示 ▶ 题中情形，应当与同车道前车保持100米以上的距离。

301 驾驶机动车驶离高速公路进入匝道时，应当加速驶离。（　）

提示 ▶ 匝道大多为弯道，车辆在匝道内行驶速度不能过快。

302 驾驶机动车在高速公路上行驶时，可以直接从行车道进入匝道驶离高速公路。（　）

提示 ▶ 驶离高速公路应经减速车道减速后，才能进入匝道。

303 高速公路行车紧急情况避险的处理原则是先避车、后避人。（　）

提示 ▶ 在任何紧急情况下避险时，都要以人为本，优先避人。

304 车速较高，前方发生紧急情况时，要先转方向避让，再采取制动减速，以减小碰撞损坏程度。（　）

提示 ▶ 在车速较高的情况下，若先转方向避让，很有可能发生侧翻。

305 行车中发现左侧轮胎漏气时怎样处置？（　）
A. 慢慢制动减速　　B. 迅速制动减速
C. 迅速向右转向　　D. 采取紧急制动

提示 ▶ 发现轮胎漏气，如采取迅速制动、迅速转向或紧急制动的措施，很容易导致爆胎，甚至翻车。

306 避免机动车爆胎的正确做法是降低轮胎气压。（　）

提示 ▶ 很多驾驶人知道轮胎气压过高容易导致爆胎，但不知气压过低也同样容易导致爆胎。因为轮胎气压降低，车辆行驶时轮胎的变形量增大，使胎温升高，轮胎变软，强度下降，从而导致爆胎。

307 行车中遇突然爆胎时，驾驶人要急踏制动踏板减速停车。（　）

提示 ▶ 题中情形，如急踏制动踏板，很容易造成车辆横甩或侧翻。

308 行车中当驾驶人意识到机动车爆胎时，应在控制住方向的情况下采取紧急制动，迫使机动车迅速停住。（　）

提示 ▶ 题中情形，不能采取紧急制动，否则将造成车辆横甩或侧翻。

309 汽车的专用备胎可作为正常轮胎长期使用。（　）

提示 ▶ 专用备胎是一种临时应急的备胎，不能作为正常轮胎长期使用。

310 驾驶机动车发生爆胎时，要利用驻车制动器使车辆减速行驶。（　）

答案 292.× 293.× 294.× 295.× 296.× 297.× 298.× 299.× 300.× 301.× 302.× 303.× 304.× 305.A 306.× 307.× 308.× 309.× 310.×

提示 ▶ 当车辆发生爆胎时，应控制住方向，充分利用发动机制动，缓慢减速，平稳停车，利用驻车制动器难以做到缓慢减速，会造成翻车事故。

311 装有转向助力装置的机动车，驾驶人突然发现转向困难，操作费力，要紧握转向盘保持低速行驶。（ ）

提示 ▶ 转向系统故障，将严重影响行车安全，不能再继续行驶，应立即停车。

312 高速行驶的机动车，在转向失控的情况下紧急制动，不会造成翻车。（ ）

提示 ▶ 本题的前提是"高速行驶"时，若此时对转向失控的车辆使用紧急制动，很容易造成翻车。

313 当机动车已偏离直线行驶方向，事故已经无可避免时，应果断地连续踏制动踏板，尽量缩短停车距离，减轻撞车力度。（ ）

提示 ▶ 本题的前提是"事故已经无可避免时"，也就是说"死马当活马医"时，才能使用紧急制动。

314 行车途中发动机突然熄火，不能继续启动时要采取紧急制动措施，迫使机动车迅速停住。（ ）

提示 ▶ 发动机突然熄火，没有必要使用紧急制动，缓慢减速停车即可。

315 机动车在行驶中，遇雨雪天气向右侧滑时，要向左打方向，使其稳定。（ ）

提示 ▶ 雨雪天遇到的侧滑俗称"甩尾"，也就是后轮发生侧滑，应向侧滑方向转动转向盘。

316 驾驶机动车在冰雪路面发生侧滑时，要猛打方向调整。（ ）

提示 ▶ 汽车发生侧滑时，打方向调整不能过猛。

317 驾驶机动车突然发生倾翻时，司乘人员要迅速跳车逃生？（ ）

提示 ▶ 遇到题中情形，千万不能跳车逃生，否则会有被倾翻车辆碾压的危险。

318 高速公路行车发生火灾时，要将机动车驶进服务区或停车场灭火。（ ）

提示 ▶ 服务区或停车场人多车多，而且还有加油站，按题中做法会将损失扩大，正确的做法是将车停到紧急停车带内予以灭火。

319 发动机着火时，要迅速关闭发动机，开启发动机舱盖进行灭火。（ ）

提示 ▶ 开启发动机舱盖后，氧气就会迅速涌入，引起更大的火灾。

320 驾驶机动车行驶过程中发动机着火，应立即打开发动机舱检查着火原因，便于及时灭火。（ ）

提示 ▶ 题中做法会导致火势加大，伤及自己。正确的做法是：迅速关闭发动机，用覆盖法或灭火器灭火。

321 机动车燃油着火时，应第一时间用水灭火。（ ）

提示 ▶ 水的密度比油大，油遇水后，油浮在水的上面。题中做法不但不能灭火，反而将燃油冲散扩大着火面积。

322 机动车电器、汽油着火后可用水来熄灭。（ ）

提示 ▶ 电器着火若是用水熄灭，很容易触电。汽油着火若用水来熄灭，因为水的密度比油大，油浮在水的上面，不但不能灭火，反而将汽油冲散，扩大着火面积。

323 救火时不要脱去所穿的化纤服装，以免伤害暴露的皮肤。（ ）

提示 ▶ 化纤服装不仅易燃，而且不耐高温，融化后会紧贴在皮肤上对皮肤造成伤害，所以救火时应当脱去化纤服装避免烧伤。

324 逃离隧道火灾现场时，需要向烟雾流相同方向逃跑。（ ）

提示 ▶ 题中情形，应向烟雾流相反方向逃跑，否则很容易被烟雾追上而造成伤亡。

325 隧道内发生火灾时，驾乘人员应当留在车内。（ ）

提示 ▶ 题中情形，驾乘人员应迅速弃车逃离。

326 使用灭火器时要让灭火器瞄准火苗，才能更快的灭火。（ ）

提示 ▶ 使用灭火器灭火时，应将灭火器的喷口对准火源，如果将灭火器瞄准火苗，火源的根部仍然在燃烧，起不到彻底扑灭火灾的作用。

327 机动车落水后，要迅速关闭车窗阻挡车内进水，短暂闭绝空气，可打电话告知救援人员失事地点，等待救援。（ ）

提示 ▶ 车厢不是密闭的，关闭车窗，车内同样进水。另外，打电话求救，根本来不及。只有敲碎侧窗玻璃，赶快逃生。

328 机动车落水后，只有在水快浸满车厢时，才有可能开启车门或摇下车窗玻璃逃生。（ ）

提示 ▶ 机动车刚落水时，车门外侧压力大于内侧压力（因为内侧是空气），此时车门打不开，车窗摇不下。当水快浸满车厢时，车门内外压力接近，此时才有可能开启车门或摇下车窗玻璃逃生。

329 驾驶机动车在高速公路行驶过程中，发现前方

答案 ▶ 311.× 312.× 313.√ 314.× 315.√ 316.× 317.× 318.× 319.× 320.× 321.× 322.× 323.× 324.× 325.× 326.× 327.× 328.√ 329.×

有动物突然横穿时,可以采取急转向的方式避让。（　　）
提示 题中情形,如果急转转向盘,极易造成侧翻事故。正确的做法是采取制动措施,减速直至停车。

330 雨天避免"水滑"现象的有效方法就是保持高速行驶。（　　）
提示 形成"水滑"必须具备二个条件:一是路面有水,二是高速行驶。

331 雾天在高速公路上发生事故后,车上人员不要随便下车行走。（　　）
提示 题中情形,车上人员应立即撤离到护栏以外安全的地方。

332 驾驶机动车在高速公路意外碰撞护栏时,应迅速向相反方向转向修正。（　　）
提示 题中做法会导致车辆发生倾翻或侧翻,正确的做法是握紧转向盘,向碰撞一侧适当修正。

333 如果遇到较强横风,感觉机动车产生横向偏移时,要握紧转向盘并紧急制动。（　　）
提示 遇到题中情形,要握紧转向盘,迅速抬起加速踏板使汽车减速,但不能使用紧急制动,否则汽车很可能发生侧翻或者侧滑。

334 驾驶机动车在高速公路上发生故障时,车上人员应当迅速转移到故障车前方躲避。（　　）
提示 遇到题中情况,车上人员应迅速转移到护栏以外安全的地方。

335 机动车在高速公路上,因故障不能离开行车道时,可在行车道上迅速抢修。（　　）
提示 题中情形,不能在行车道上抢修,应立即在车辆后方150米以外设置警示标志,开启危险报警闪光灯,车上人员迅速转移路边护栏以外,并拨打救援电话。

336 驾驶机动车在高速公路行驶,遇意外情况需紧急停车时,可在行车道上直接停车。（　　）
提示 遇到题中情况,应将车辆停在应急车道。

337 驾驶机动车在高速公路上车辆发生故障时,为获得其他车辆的帮助,可将警告标志放置在其他车道。（　　）
提示 题中做法会影响其他车道车辆的正常通行。

338 在高速公路行车道上遇到车辆异常,应当立即停车检查车辆。（　　）
提示 遇到题中情形,应逐渐减速,将车停在紧急停车带或应急车道内。

339 机动车在隧道内发生故障,车辆无法移动时,驾驶人可在车内等待救援。（　　）
提示 题中情形,很容易造成后车追尾,此时一定要下车找个安全的地方等待救援。

340 交通事故的损失是由非机动车驾驶人、行人故意碰撞机动车造成的,机动车一方承担不超过百分之十的赔偿责任。（　　）
提示 题中情形,机动车一方不承担赔偿责任。

341 动画8中有几种违法行为?（　　）

[动画显示:车辆号牌上有遮挡物;并在道路拥堵时鸣喇叭,然后驶向非机动车道]

A. 一种违法行为　　B. 二种违法行为
C. 三种违法行为　　D. 四种违法行为
提示 鸣喇叭催促前方机动车,尽管不文明,但不算违法行为。

342 林某驾车以110公里/小时的速度在城市道路行驶,与一辆机动车追尾后弃车逃离被群众拦下。经鉴定,事发时林某血液中的酒精浓度为135.8毫克/百毫升。林某的主要违法行为是什么?（　　）
A. 醉酒驾驶　　B. 超速驾驶
C. 疲劳驾驶　　D. 肇事逃逸
提示 主要违法行为有三种:一是超速驾驶(城市道路最高车速标准为50公里/小时,题中为110公里/小时);二是肇事逃逸(与一辆机动车追尾后弃车逃离);三是醉酒驾驶(标准为血液酒精含量≥80毫克/百毫升,题中为135.8毫克/百毫升)。

343 周某夜间驾驶大货车在没有路灯的城市道路上以90公里/小时的速度行驶,一直开启远光灯,在通过一窄路时,因加速抢道,导致对面驶来的一辆小客车撞上右侧护栏。周某的主要违法

答案 330.× 331.√ 332.× 333.× 334.× 335.× 336.× 337.× 338.√ 339.× 340.× 341.B 342.ABD 343.ABD

行为是什么？ （ ）
A. 超速行驶　　　B. 不按规定会车
C. 疲劳驾驶　　　D. 不按规定使用灯光

> **提示** 主要违法行为有三种：一是超速行驶（城市道路最高车速标准为 50 公里/小时，题中为 90 公里/小时）；二是不按规定会车（窄路上会车应减速慢行，周某却加速抢道）；三是不按规定使用灯光（夜间会车应当在距相对方向来车 150 米以外改用近光灯，周某一直开启远光灯）。

344 徐某驾驶一辆中型客车（乘载 27 人）行至四都镇前岭村壶南头路段，在上坡过程中，机动车发生后溜驶出路外坠入落差约 80 米的山崖，造成 11 人死亡、7 人受伤。徐某的主要违法行为是什么？ （ ）
A. 疲劳驾驶　　　B. 酒后驾驶
C. 客车超员　　　D. 超速行驶

> **提示** 中型客车核载 10～19 人。

345 叶某驾驶中型厢式货车，行至陂头镇上汶线 3 公里加 600 米弯道路段时，以 40 公里/小时的速度与王某驾驶的乘载 19 人正三轮载货摩托车发生正面相撞，造成 10 人死亡、9 人受伤。双方驾驶人的主要违法行为是什么？ （ ）
A. 叶某驾驶与准驾车型不符的机动车
B. 王某驾驶摩托车非法载客
C. 叶某超速行驶
D. 王某不按信号灯指示行驶

> **提示** 主要违法行为有两种：一是非法载客（载货摩托车乘载 19 人）；二是超速行驶（弯道限速标准为 30 公里/小时，题中为 40 公里/小时）。

346 吴某驾驶一辆大客车，乘载 33 人（核载 22 人），行至 163 县道 7 公里加 300 米处时，机动车失控坠入山沟，造成 10 人死亡、21 人受伤。事后经酒精检测，吴某血液酒精含量为 26 毫克/百毫升。吴某的主要违法行为是什么？ （ ）
A. 超速行驶　　　B. 客车超员
C. 疲劳驾驶　　　D. 酒后驾驶

> **提示** 主要违法行为有两种：一是客车超员（核载 22 人，实载 33 人）；二是酒后驾驶（标准为血液酒精含量≥20 毫克/百毫升，题中为 26 毫克/百毫升）。

347 杨某驾驶改装小型客车（核载 9 人，实载 64 人，其中 62 人为幼儿园学生），行至榆林子镇马槽沟村处，占用对向车道逆行时与一辆重型自卸货车正面碰撞，造成 22 人死亡、44 人受伤。该起事故中的主要违法行为是什么？ （ ）
A. 货车超速行驶　　B. 非法改装机动车
C. 客车超员　　　　D. 客车逆向行驶

> **提示** 主要违法行为有三种：一是非法改装机动车（杨某改装小型客车）；二是客车超员（核载 9 人，实载 64 人）；三是客车逆向行驶。

348 彭某驾驶一辆重型半挂牵引车，载运 37.7 吨货物（核载 25 吨），行至大广高速公路一下坡路段，追尾碰撞一辆由李某驾驶在应急车道内行驶的重型自卸货车（货箱内装载 3.17 立方黄土并搭乘 24 人），造成 16 人死亡、13 人受伤。此事故中的主要违法行为是什么？ （ ）
A. 彭某超速行驶
B. 彭某驾驶机动车超载
C. 李某在应急车道内行驶
D. 李某货车车厢内违法载人

> **提示** 主要违法行为有三种：一是彭某驾驶机动车超载（核载 25 吨，实载 37.7 吨）；二是李某在应急车道内行驶；三是李某货车车厢内违法载人（货车不允许载人，李某货车却搭乘 24 人）。

349 某日 3 时 40 分，孙某驾驶大客车（乘载 54 人、核载 55 人）行至随岳高速公路 229 公里加 300 米处，在停车下客过程中，被后方驶来李某驾驶的重型半挂机动车追尾，造成 26 人死亡、29 人受伤。事后查明，李某从昨日 18 时许出发，途中一直未休息。双方驾驶人的主要违法行为是什么？ （ ）
A. 孙某违法停车　　B. 孙某客车超员
C. 李某超速　　　　D. 李某疲劳驾驶

> **提示** 主要违法行为有两种：一是孙某违法停车（高速公路上不允许停车下客）；二是李某疲劳驾驶（连续驾车超过 4 小时应停车休息，李某从昨日 18 时许出发，至当日 3 时 40 分，连续驾车 9 小时）。

350 某日 19 时，杨某驾驶大客车，乘载 57 人（核载 55 人），连续行驶至次日凌晨 1 时，在金城江区境内 050 国道 3008 公里加 110 米处，因机动车左前胎爆裂，造成 12 人死亡、22 人受伤的特大交通事故。杨某的主要违法行为是什么？ （ ）
A. 疲劳驾驶　　　B. 客车超员
C. 超速行驶　　　D. 操作不当

> **提示** 主要违法行为有两种：一是疲劳驾驶（连续驾车超过 4 小时应停车休息，李某从某日 19 时连续行驶至次日凌晨 1 时，连续驾车 6 小时）。二是客车超员（核载 55 人，实载 57 人）。

351 赵某（持有 A2 驾驶证）驾驶大型卧铺客车（核载 36 人），行驶至叶城县境内某处急弯路段，加速超越前车时，坠入道路一侧山沟，致 16 人死亡，20 人受伤。赵某的主要违法行为是什么？ （ ）

答案 344.C 345.BC 346.BD 347.BCD 348.BCD 349.AD 350.AB 351.AC

A. 在不具备超车条件的急弯路段加速超车
B. 驾驶逾期未检验的机动车
C. 驾驶与准驾车型不符的机动车
D. 疲劳驾驶

> **提示** 主要违法行为有两种：一是在不具备超车条件的急弯路段加速超车；二是驾驶与准驾车型不符的机动车（驾驶大型卧铺客车应持有A1驾驶证）。

352 张某驾驶车辆在高速公路上发生故障不能移动，开启危险报警闪光灯后下车，联系朋友李某驾驶私家车帮忙拖曳到应急车道。李某拖曳故障车的过程中，刘某驾驶货运车辆以每小时110公里的速度驶来，导致三车相撞。这起事故中的违法行为有哪些？（　　）
A. 张某疲劳驾驶
B. 李某用私家车拖曳故障车辆
C. 刘某超速行驶
D. 未在故障车辆后设置警示标志

> **提示** 违法行为有三种：一是李某用私家车拖曳故障车辆（机动车在高速公路上发生故障，应当由救援车、清障车拖曳）；二是刘某超速行驶（货车在高速公路车速不得超过每小时100公里）；三是未在故障车辆后设置警示标志。

353 贾某驾车在高速公路上行驶，遇到大雾，能见度小于50米，贾某开启了雾灯、示廓灯、危险警报灯，以时速40公里行驶，并与同车道保持50米距离，经过三个出口驶离高速公路。贾某的主要违法行为是什么？（　　）
A. 未按规定开启相应的灯光
B. 超速行驶
C. 与同车道前车距离不足
D. 未及时从最近的出口驶离高速公路

> **提示** 主要违法行为有三种：一是未按规定开启相应的灯光（规定应开启：雾灯、近光灯、示廓灯、前后位灯和危险报警闪光灯）；二是超速行驶（按规定能见度小于50米时，车速不得超过每小时20公里,）；三是未及时从最近的出口驶离高速公路（按规定能见度小于50米时，应从最近的出口尽快驶离高速公路）。

354 某日夜间下雨，陈某驾驶小型汽车与李某（未系安全带）一同回家，当陈某以120公里/小时车速行驶至城市主干路（限速80公里/小时）的某一路段时，车辆突然发生侧滑，导致与道路左侧护栏相撞后翻车。陈某的主要违法行为是什么？（　　）
A. 超速行驶　　　　B. 操作不当
C. 疲劳驾驶　　　　D. 未系安全带

> **提示** 陈某的主要违法行为是超速行驶，李某未系安全带不能算陈某违法。

355 黄某（驾驶证被扣留）驾驶小型客车（逾期未检验）沿某国道行驶至某处时跨双黄实线掉头，与对向车道于某驾驶的重型自卸货车相撞，造成5人死亡、2人受伤。事故发生后黄某驾车逃离事故现场。本起事故中存在的违法行为有什么？（　　）
A. 黄某驾驶机动车跨双黄实线掉头
B. 于某超速行驶
C. 黄某在驾驶证被扣留期间驾驶机动车上道路行驶
D. 黄某驾驶逾期未检验的机动车上道路行驶

> **提示** 本起事故中存在的违法行为有三种：一是无证驾驶（黄某驾驶证被扣留期间驾驶机动车上道路行驶）；二是违反机动车检验规定（黄某驾驶逾期未检验的机动车上道路行驶）；三是违反标志标线规定（黄某驾驶机动车跨双黄实线掉头）。

356 易燃液体一旦发生火灾，要及时用水扑救。（　　）

> **提示** 由于易燃液体的密度大多比水小，如果用水扑救，易燃液体会浮在水面继续燃烧，而且会使火势蔓延，引起更大范围的火灾。

357 腐蚀品着火时，不能用水柱直接喷射扑救。（　　）

> **提示** 腐蚀品着火时，除具有与水反应特性的物质外，一般可用大量的水扑救。但宜用雾状水，不能用高压水柱直接喷射物品，以免飞溅的水珠带上腐蚀品灼伤灭火人员。

答案　352.BCD　353.ABD　354.A　355.ACD　356.×　357.√

驾考通关
全套秘籍

本书特色
- ★ 资深驾培专家精心编写，凝聚一线教学经验和心得
- ★ 纵贯驾考全流程的四个科目，突出重点，解析难点
- ★ 车轮驾考通App+免费视频，易学易懂，快速通关
- ★ 全新的海量考题，全真模拟，考前冲刺，强化训练

驾校学车
实用指南

上架指导　汽车驾驶
ISBN 978-7-111-69332-1
策划编辑◎谢　元
编辑电话◎010-88379349

定价：79.90元